Bereichere dein Leben mit Erinnerungen, nicht mit Dingen.

Für alle, die glauben, sie würden es nicht schaffen.
Für meine Familie, Freunde und für meinen Mann,
ohne die ich es niemals geschafft hätte.

Johanna Bramböck

Im Lkw um die halbe Welt

Vom Büroalltag ins Abenteuer Panamericana

Im Lkw um die halbe Welt
Vom Büroalltag ins Abenteuer Panamericana

Verlag: Buchschmiede von Dataform Media GmbH, Wien
www.buchschmiede.at
ISBN: 978-3-99118-109-5
Printed in Austria

Inhaltsverzeichnis

Wie kam es zu der Reise?

Hätte mir zehn Jahre bevor dieses Buch entstanden ist, jemand gesagt, dass ich über eine Langzeitreise im Lkw schreiben werde, so hätte ich diese Person nur müde belächelt, denn damals gab es in meinem Püppi-Leben nur Fernreisen in ein Luxus 5* Hotelresort. Jedes Jahr eine Auszeit nach dem Motto ‚man braucht ja schließlich Erholung vom Job' und diese fand zwischen den Liegen am türkisenen Pool, dem täglich frisch gemachten Zimmer und dem reichhaltig angerichteten Frühstücksbuffet statt.

Nach zwei Wochen war alles vorbei, man hat wenig bis nichts erlebt und ist sonnengebräunt wieder ins Hamsterrad eingestiegen. Die große Veränderung kam im Mai 2011 - eine Benefizfahrt in einem uralten Mercedes von Wien über Mauretanien nach Dakar, die das Urlaubsverhalten völlig verändert hat. Und ich muss ehrlich zugeben, dass ich vor Beginn der Reise richtiggehend Panik vor all dem Unbekannten hatte - zum ersten Mal in meinem Leben in einem Zelt statt in einem netten Hotelzimmer schlafen, kein ewiges Duschen mit heißem Wasser sondern ein schnelles Waschen mit Waschlappen und kaltem Wasser, kein tägliches Haare waschen und den adretten Pagenkopf föhnen, keine netten Strandkleidchen sondern Cargohosen, keine Absätze sondern mir eigentlich völlig verhasste, flache, bequeme Schuhe und die zum Outfit passende Auswahl an Handtaschen blieb auch daheim.

Zum ersten Mal musste ich meine Komfortzone wirklich sehr weit verlassen, aber es war der genialste Urlaub überhaupt. So viel erlebt, so viel Spaß gehabt und im Nachhinein das Gefühl von Stolz, die eigenen Grenzen soweit verschoben zu haben.

Von da an erschienen uns Urlaube im Hotel viel zu langweilig und es war wie ein Selbstläufer: es folgten Abenteuerurlaube in Afrika und dann bald ein eigenes Offroad Fahrzeug samt solider Campingausstattung.

Im Mai 2016 kam der Umstieg auf ein ‚vernünftiges' Fahrzeug, einen Mercedes Benz 1017, BJ 1978, mit ausgebauter Kabine. Durch ‚Mr. Benz' wurde es unterwegs wieder wesentlich ‚luxuriöser', denn das tägliche Zelt Auf- und Abbauen fiel weg, es gab wieder ein bequemes Doppelbett, eine eigene Toilette, täglich eine warme, wenn auch kurze Dusche, Strom zum Haare Föhnen und selbst bei tagelangem Regen sitzt man kuschelig im Trockenen.

Wir fanden so richtig Gefallen am Leben im Lkw und unternahmen Touren nach Griechenland, Albanien, Montenegro, Polen und bereisten das Baltikum. Aber die Urlaube waren immer viel zu kurz und kaum haben mein Mann und ich uns so richtig eingelebt, ging es wieder Richtung Heimat. Zurück daheim stellten wir uns immer öfter die Frage, ob es für uns wirklich sinnvoll und erfüllend sei, den Großteil des Lebens im Büro zu verbringen und das (zugegeben angenehme) Gehalt am Wochenende, im Urlaub oder beim Shoppen wie ein Trostpflaster zu benutzen.

Nach einem weiteren Jahr voller Gespräche (und dabei geleerten Rotweinflaschen) fassten wir schließlich den Entschluss, aus unseren Jobs auszusteigen. Wir haben uns einen sehr konkreten Finanzplan zurechtgelegt und uns war somit bewusst, dass wir zukünftig mit wesentlich weniger Geld klar kommen müssen, aber dafür haben wir alle Zeit der Welt zum Reisen und hoffentlich mehr Lebensqualität. Und wieder meldete sich die Panik in mir – wie werde ich es schaffen? Ich war ja bis dahin eine richtige Shopping Queen und jetzt soll ich statt meiner teuren Gesichtscreme ein Billigprodukt verwenden, an meinen Lieblingsboutiquen vorbeigehen ohne Beute zu machen und auch sonst auf die Preise achten? Zugegeben, anfangs war es ungewohnt und natürlich eine große Umstellung, aber ich stellte schnell fest, dass es weniger problematisch ist als ich befürchtet habe. Denn sobald man aus dem Arbeitsleben aussteigt und die Pumps gegen Turnschuhe tauscht, verschwindet viel von der Projektionsfläche, auf der man sich mit anderen vergleicht und somit wird man auch viel weniger mit Dingen konfrontiert, die man haben muss bzw. haben möchte.

Als Nächstes stand natürlich die Frage an, wohin unsere Reise gehen soll. Wir hatten zwei Optionen zur Auswahl: die ehemalige

Seidenstraße oder die Panamericana. Wir haben uns für die zweite entschieden. Es war uns klar, dass es durch die Verschiffungs- und Flugkosten die deutlich teurere Reise sein würde, aber um ehrlich zu sein, war im Grunde ausschlaggebend, dass es uns die leichtere Variante zu sein schien. Ob dem tatsächlich so ist, vermag ich nicht zu beurteilen, aber wir haben unseren Entschluss in keinster Weise bereut.

Aber egal, für welche Tour man sich entscheidet, jede Route hat ihren eigenen Charme und ihre Tücken. Und so geht es in diesem Buch vornehmlich darum, wie es uns in den zwei Jahren auf der Reise von Kanada über Amerika, Mexiko, Kolumbien, Ecuador, Peru, Bolivien, Brasilien, Argentinien und Chile bis nach Feuerland ergangen ist und was wir erlebt haben. Es gab so manche Hoppalas, ganz viele Highlights aber natürlich auch einige Lowlights. Viele Bücher und Blogs gehen in meinen Augen zu sehr in Richtung von Schönwetterberichten, weil unterwegs alles stets wunderschön und immer sehr entspannt ist. Meiner Ansicht nach ist dies aber nur die halbe Wahrheit, denn wie immer im Leben gibt es nicht nur Sonnenschein sondern auch mal Regen oder Schatten.

Es stimmt, die Reise war insgesamt ein Traum. Aber sie war nicht nur und vor allem nicht ununterbrochen ein Traum. Sie war zwar niemals ein richtiger Alptraum, aber es gab zwischendurch sehr wohl Situationen, die schier zum Verzweifeln waren. Natürlich waren die zwei Jahre nicht nur eitle Wonne, es gab auch Stress und Tränen. Die weniger schönen Momente gehören dazu und ich werde sie auch ungeschönt ansprechen.

Es geht mir nicht darum, mich bzw. uns als tolle sowie harte Survival-Typen darzustellen, um uns oder jemandem etwas zu beweisen oder zu beeindrucken. Ich möchte ein ehrliches und ungeschönte Bild vom Alltag unterwegs zeichnen. Es geht um Fragen, was für uns unterwegs beschwerlich war und was unerwartet unkompliziert funktioniert hat. Oder wie es war, so viele Monate gemeinsam auf so einem engen Raum zusammenzuleben. Was verändert sich durch eine solche Langzeitreise, was macht sie mit einem? Was vermisst man unterwegs und worauf kann man getrost verzichten? Was sind die Learnings aus dieser Zeit? Wie problematisch ist das Reisen mit einem Hund? Wie geht es einem, wenn man nach so langer Zeit wieder nach Hause kommt?

Kurzum, es ist eine Geschichte über das Leben auf vier Rädern und keine Routenbeschreibung mit Stellplätzen zum Nachfahren, denn dafür gibt es genügend Bücher und Infos. Dennoch stelle ich im letzten Kapitel nützliche Tipps und eine Übersicht zusammen, was man beachten und was man unbedingt dabei haben sollte (oder was wir im Nachhinein mitnehmen würden), falls jemand eine Langzeitreise plant und ein paar Anregungen sucht.

Vorbereitungen

Unsere Vorbereitungen plätscherten erst mal monatelang recht gemütlich vor sich hin: Reiseführer bestellen und grob durchblättern, Reiseblogs lesen, sich in diversen Foren anmelden und informieren. Wir haben uns ausführlich mit den Klimazonen und Regenzeiten in den einzelnen Ländern auseinandergesetzt und uns eine grobe Route zurechtgelegt, alles nicht besonders anstrengend. Aber die letzten zehn Wochen vor der Abreise wurden dann doch richtig intensiv: die Verschiffung von Mr. Benz organisieren, Flüge für uns und Herrn Hund buchen, Auslandskrankenversicherungen abschließen und sonstiges bürokratisches Tamtam wie Visa, Einfuhrpapiere für den Hund und Vollmachten daheim erledigen. Als besondere Challenge stellte sich die Haftpflichtversicherung für den Lkw dar, denn Fahrzeuge über 20 Jahre werden in Amerika und Kanada nicht (mehr) versichert. Mit Trick 17 und viel Glück bekamen wir schlussendlich doch eine Versicherung, denn unser Fahrzeug wurde erst vor zehn Jahren zum Wohnmobil umgebaut und so umgingen wir die bürokratische Altersgrenze. So ganz ‚nebenbei' hat mein Mann mit einem pensionierten Lkw Mechaniker viele Tage am Mr. Benz gearbeitet, ihn auf Herz und Nieren gecheckt, manches ausgetauscht und überholt.

Der letzte Schritt war das Packen und das Einräumen von Mr. Benz: Abgesehen von diversen Ersatzteilen (wobei meistens ja eh das kaputt geht, was man nicht dabei hat), Medikamenten von A bis Z (also entzündetes Auge bis eingewachsener Zehennagel) und Lebensmitteln (man könnte ja verhungern) stellt sich die Frage, was man mitnimmt, wenn man die nächsten zwei Jahre von Kanada bis nach Feuerland reist. Klar, die ganze bunte Palette von der Badehose bis zur langen Unterhose. Aber wenn man zuhause vor einem vollen Kleiderschrank steht und seine Garderobe für die nächsten Jahre in zwei kleine Kleiderboxen packen soll, dann ist es – zumindest für mich als Frau – leichter gesagt als getan. Mir kam hier zumindest zugute, dass meine Sachen ein kleineres Packmaß haben als die meines Mannes und Dank der genialen Raumplanung in unserem Lkw haben wir auf unseren 9m2 wirklich viel

Stauraum. Gut, dann gönnt man sich auch den Luxus, dass jeder von uns fünf Jacken und fünf Paar Schuhe eingepackt hat. Im Nachhinein hatte zumindest ich natürlich viel zu viel dabei und ich wäre locker mit der Hälfte ausgekommen, aber hinterher ist man bekanntlich immer schlauer. Es wäre auch klüger gewesen, manches überhaupt nicht mitzunehmen: die teuren Jeans mit ihrem bequemen Elastan Anteil beispielsweise haben die Temperaturen der amerikanischen Trockner nicht überlebt (die Unterwäsche übrigens auch nicht) und mussten in Outlet Centern ersetzt werden.

Irgendwann ist dann alles an seinem Platz im Fahrzeug, ein letzter Check, man sperrt die Tür zu und es ist ein sehr komisches Gefühl, dass sich jetzt das Leben für die nächsten zwei Jahre in der Kabine befindet.

Fast auf den Tag genau zwei Jahre nachdem wir den Lkw gekauft haben, hat ihn mein Mann zum Verladen und Verschiffen nach Hamburg gebracht. Das Prozedere am Zoll war schnell und problemlos erledigt und als er das Fahrzeug im Hafen abgegeben hat, waren wir richtiggehend erleichtert, dass es nun tatsächlich losgeht. Denn es kommt irgendwann unweigerlich der Punkt, da hat man genug von all der Theorie und den Vorbereitungen und wird förmlich gierig nach der Realität unterwegs. Je mehr wir uns mit der Reise beschäftigt haben, desto mehr wurde uns auch bewusst, dass man ohnehin nicht alles vorplanen und alle Eventualitäten mit Ersatzteilen oder Sonstigem absichern kann. Für uns war der erste große Schritt erst mal getan, wir hatten das Gefühl, schon mit einem Fuß oder einem Reifen über dem großen Teich zu sein und waren richtig hungrig nach der Praxis. Wir freuten uns auf die Weite Kanadas, auf das Leben im Mr. Benz und auf die Freiheit auf 4 Rädern und dachten ALLES WIRD GUT ... aber es kam erst mal ganz anders ...

KANADA

Klassischer Fehlstart. Jetzt erst recht!

Der Start unserer Reise war sehr mühsam und es ist wirklich sehr viel Blödsinn passiert.

Zunächst geschah der Super GAU: es ist natürlich erst mal ein etwas komisches Bauchgefühl, wenn man das eigene Fahrzeug samt Hab und Gut und dem dazugehörigen Schlüssel an völlig Fremde übergibt, aber der Kopf sagt, dass in Hamburg täglich tausende Fahrzeuge verladen werden und dass im Hafen ja nur Profis am Werk sind. Allerdings saß ausgerechnet am Steuer von Mr. Benz ein besonders talentbefreiter Fahrer und riss auf den letzten paar Metern zum Schiff die vordere Antriebswelle ab. Die Verschiffungsagentur informierte uns telefonisch, das Fahrzeug sei manövrierunfähig und wir mögen bitte in den nächsten zwei Stunden entscheiden, ob es verladen werden soll oder nicht, denn das Schiff würde am folgenden Tag ablegen.

Wir waren wie gelähmt und fassungslos, denn die vordere Antriebswelle eines Lkws ist ja nicht gerade ein filigranes Kleinteil und es bedarf so einiges an Geschick, sie abzureißen! Aber wir mussten nicht lange überlegen – natürlich verladen, denn schließlich war ja von den Flügen über den Leihwagen und einem kleinen Häuschen zur Überbrückung der Wartezeit in Kanada alles fix gebucht. Nach der Schockstarre kam allerdings der Frust hoch, denn es ist mehr als bitter, plötzlich eine Havarie über den großen Teich zu verschiffen obwohl man über Monate immer wieder unter dem Fahrzeug lag und sich am Abend mühsam die Schmiere von den Händen und Haaren geschrubbt hat, um den Lkw für die Reise in einem optimalen technischen Zustand zu haben.

Es folgten unzählige Telefonate, aber natürlich wollte es niemand gewesen sein, keiner fühlte sich für den Schaden oder die entstandenen Kosten verantwortlich. Wir bekamen viele unterschiedliche Versionen präsentiert, nur werden wir wohl nie erfahren, was wirklich im Hafen passiert ist. Natürlich könnte man in dieser Situation schier verzweifeln, aber da der Abflug näher rückte, fanden wir uns damit ab und waren eigentlich nur froh, auf die

Schnelle noch das Ersatzteil für den über 40 Jahre alten Benz zu bekommen und zumindest dieses mit nach Kanada nehmen zu können.

Die Anreise nach Hallifax war ebenfalls wie im schlechten Film. Es geht also nun tatsächlich los, wir sperren die Tür hinter uns zu und begeben uns mit Lucky, seiner unhandlichen Flugbox, einer großen Tasche und der heiligen, aber 20 kg schweren, Antriebswelle zum Hauptbahnhof in Wien, denn um dem Hund einen weiteren Flug zu ersparen, haben wir uns entschlossen, mit dem Zug nach Frankfurt zu fahren. Am Bahnhof kommt das erste böse Erwachen: normalerweise achtet man ja kaum darauf, aber es gibt keine Gepäckwagen mehr, nicht einen einzigen und das ist echt nicht lustig, wenn man ein schweres, sperriges Gepäck, einen hippeligen Hund und nur zwei Hände hat! Völlig außer Puste platzieren wir uns mit unseren Schatzkisten entsprechend der Anzeige am Bahnsteig, aber zu unserem Pech wird der Zug versehentlich spiegelverkehrt bereitgestellt – super, denn somit stehen wir genau am falschen Ende. Egal, jetzt nur rein in den Zug. Aber beim Hineinheben der Antriebswelle stürzt mein Mann und rutscht mit einem Bein in den Spalt zwischen Bahnsteig und Wagon. Das Ergebnis kann sich sehen lassen, das Knie aufgeschürft, die Hose voller Blut und dazu noch aufgerissen.

Bei der Ankunft in Frankfurt bietet sich uns ein bereits bekanntes Bild: kein Gepäckwagen, zu dem immer noch sperrigen Gepäck mischen sich ‚angenehme' 30 Grad und bei meinem Mann macht sich außerdem noch eine Erkältung samt Halsschmerzen breit. Auch das nehmen wir noch mit Humor, kaufen eine Apotheke halb leer und denken, jetzt kann es ja nicht mehr schlimmer kommen. Oh doch, es kann! Am Frankfurter Flughafen vergeht uns dann endgültig das Lachen: als Lucky von der Tiersecurity abgeholt wird, meint der freundliche Mitarbeiter, dass der Hund nicht befördert werden könne, da die Flugbox zu klein sei. In diesem Moment bin ich den Tränen wirklich nahe, denn wir haben diese (kleinere) Box eigens nach den genauen Vorgaben der Fluggesellschaft gekauft, weil uns Condor in unzähligen Gesprächen mitteilte, man hätte für unsere große Box keine Kapazität. Aber Heulen hilft selten weiter und statt zu diskutieren rennt mein Mann schnell an das andere

Ende des Flughafens (die Wege am Frankfurter Flughafen sind weit und mit Fieber erscheinen sie nochmals viel weiter), kauft eine größere Box und der kleine Kerl kommt in letzter Minute und zwischenzeitlich ordentlich nervös in die neue Box und in den Cargo-Bereich. Die alte Box kann man natürlich nicht einfach beim Check In stehen lassen und um sie zu entsorgen, muss mein Mann wieder zurück zum Shop an das andere Ende des Flughafens. So langsam steigt nicht nur das Fieber sondern auch der Puls, denn nun wird es zeitlich ziemlich eng. Der Security Check dauert ewig, wir werden auf Sprengstoff überprüft und stellen uns insgeheim die Frage, woher die Jungs wissen können, dass wir buchstäblich kurz vor dem ‚Explodieren' sind? Völlig durchgeschwitzt am Gate angekommen teilt uns eine nett säuselnde Lautsprecherstimme mit, dass sich der Abflug verzögere, da man aufgrund von technischen Schwierigkeiten die Maschine tauschen müsse. Uns ist es egal, aber unser Flohbeutel muss die ganze Verladeprozedur nochmals über sich ergehen lassen und dadurch eine Stunde länger in seiner neuen Luxusbox verbringen.

Zumindest verläuft der Flug sehr ruhig und nach der Landung in Halifax kommt es uns vor, als hätte jemand anderes die Regie in unserem Roadmovie übernommen: am Zoll interessiert sich niemand für die riesige Kiste mit der Antriebswelle, Lucky hat den Flug gut überstanden und der kanadische Beamte gibt ihm lieber Kekse statt ihn einer langwierigen Einfuhruntersuchung zu unterziehen. Das Leihfahrzeug steht bereit und das angemietete Cottage entpuppte sich als schnuckelig und idyllisch am Meer gelegen.

Bereits am nächsten Tag bekommen wir die Frachtpapiere von der Spedition und die Lkw-Werkstatt, die wir von Wien aus schon kontaktiert haben, erweist sich ebenfalls als absoluter Glücksgriff. Wir werden sehr freundlich empfangen, alle sind extrem bemüht und hilfsbereit. Der Manager macht uns Mut, dass sie unseren Lkw schnell wieder manövrierfähig bekämen, auch wenn sie eigentlich mit Mercedes Benz keine Erfahrungen hätten. Als Nächstes steht die Abwicklung beim kanadischen Zoll an. Wir haben darüber einige wilde Geschichten gelesen, der Zoll sei sehr pingelig und streng, alles werde äußerst penibel kontrolliert und dementsprechend fürchten sich viele davor. Aber auch hier erleben wir pure

Freundlichkeit: der Papierkram ist schnell sowie völlig problemlos erledigt und anschließend fährt man uns über das riesige Areal zu unserem ‚Patienten‘. Da steht er dann endlich, wie ein Häufchen Elend aufgebockt auf einer Art Stahlpodest und mit Zurrgurten fixiert. Die Verschiffungsagentur hat den Spediteur in Hallifax leider nicht wie gebeten darüber informiert, dass sich eine Havarie auf dem Schiff befindet und so hatten die Kanadier ihre liebe Not, den manövrierunfähigen und tonnenschweren Mr. Benz überhaupt an Land zu bekommen. Man hat ihn deshalb auf dieses Podest gehoben und auf selbigem vom Schiff gebracht. Wir erzählen dem Chef unsere Geschichte und auch er staunt nicht schlecht. Er organisiert ein paar Arbeiter, um unser Fahrzeug zurück auf den Boden zu stellen und bald taucht auch der Abschleppdienst auf. Das erste Abschleppfahrzeug ist zu klein, denn man ging offensichtlich von einem ‚normalen‘ Camper aus, aber dann kommt ein ‚richtiger' Truck und als Mr. Benz so am Haken hängt, sieht er wie ein kleines Spielzeugauto aus. Die Dimensionen in Kanada sind etwas anders, aber das sollten wir auch bald lernen.

In der Werkstatt kommt dann eine riesengroße Erleichterung, denn die mitgebrachte Antriebswelle passt. Dafür kommen weitere ‚Kleinigkeiten‘ ans Tageslicht: das Schloss in der Fahrertür ist demoliert, der Schlüssel fehlt und der Knopf für den zuschaltbaren Allrad ist abgerissen. Da war wohl eher ein Vandale als ein Profi im Hamburger Hafen am Werk. Aber auch schon egal, es wird ein Schlosser dazu gerufen und nur 24 Stunden später ist Mr. Benz wieder fit. Unsere Befürchtung, das Getriebe hätte ebenfalls einen Schaden abbekommen, bestätigt sich Gott sei Dank nicht. Hans macht eine Probefahrt und kommt freudestrahlend zurück – alles in Ordnung, als wäre nie etwas gewesen! Nun kann es also wirklich losgehen, ALLES IST UND WIRD GUT!

Der erste Monat in Kanada

In den ersten drei Wochen durchqueren wir die Provinzen Nova Scotia, New Brunswick, Quebec und Ontario. Kanada begeistert uns insgesamt sehr, wobei uns die Gegend rund um den Lake Superior (der übrigens größer ist als ganz Österreich) am besten gefällt. Wie auf all unseren Reisen meiden wir Großstädte, da sie meist wenig Lkw- und hundefreundlich sind. Also umfahren wir Quebec großräumig und Montreal wird auf der innerstädtischen Autobahn im wahrsten Sinn des Wortes und im Stau ‚durchgestanden'. Die Städte mögen ganz hübsch sein, aber Kanada hat Besseres als Beton zu bieten: Wir genießen die Natur, von der man hier einfach nicht satt wird. Diese völlig unbebaute und ungewohnte Weite, das viele satte Grün, all die unberührten Seen und Flüsse – es ist ein Traum!

Relativ schnell gewöhnen wir uns daran, dass die Dimensionen in Kanada ein anderes Ausmaß haben und alles beachtlich weiter und größer ist: eine Entfernung von 200 km ist für uns eine Tagesetappe, für den Kanadier hingegen ist es ‚gleich um die Ecke'. Im Vergleich zu den hiesigen Trucks sieht Mr. Benz aus wie ein Spielzeugauto, die Campinganhänger alleine sind länger als unser gesamtes Fahrzeug und der monströse Pickup (man fährt vorzugsweise Ford F150 oder RAM) gehört ebenso zur alltäglichen Grundausstattung eines Kanadiers wie der Moskitospray.

Die Supermärkte sind derart gigantisch, dass ich anfangs völlig überfordert und nie unter einer Stunde fertig bin, denn selbst wenn man nur drei Kleinigkeiten braucht (wobei ‚Kleinigkeiten' bei den riesigen Packungsgrößen eher schwierig sind), so kann es dauern, bis man diese in dem Labyrinth aus unzähligen Regalen findet. Zudem lerne ich eine goldene Regel, nämlich meinen Einkaufswagen niemals loszulassen, denn kaum erbeute ich endlich mal meine ‚Kleinigkeiten', dann ist der blöde Wagen in dem gigantischen Supermarkt unauffindbar.

Kanada begeistert uns nicht nur landschaftlich sondern auch menschlich: die Freundlichkeit und Hilfsbereitschaft der Kanadier ist wirklich beachtlich. Und das beobachten wir nicht nur uns gegenüber, sondern auch im Umgang untereinander. Man lächelt sich an, wechselt ein paar nette Worte und geht äußerst freundlich miteinander um. Das Leben ist irgendwie entspannter und lockerer, man merkt es beim Autofahren oder sonstigen Erledigungen.

Dementsprechend angenehm und entspannt ist auch unser Alltag - wir fahren täglich ca. 150 km (also quasi ‚ums Eck'), haben in den ersten drei Wochen noch keinen einzigen Campingplatz gebraucht und das ist ganz nach unserem Geschmack. Wir genießen zwar das Reisen, aber wir stellen immer wieder fest, wir sind einfach keine ‚richtigen' Camper. Wir gehören nicht zu der Sorte, die kaum angekommen sofort die Campingstühle und den Tisch aufbauen. Wir essen auch lieber im Fahrzeug, da das ewige Raus- und Reintragen länger dauert als die Mahlzeit selbst und außerdem teilen wir unser Essen nicht gerne mit Fliegen oder sonstigem Viecherlzeug. Statt auf einem Campingplatz übernachten wir lieber an einem Park, Sportplatz, einem Strand am Fluss oder See. Wir brauchen die Infrastruktur eines Campingplatzes ja nicht, die eigene Dusche und Toilette ist uns immer die Liebste, wir produzieren Strom über unsere Panele am Dach und haben genügend Wasser für circa zehn Tage. Und das Auffüllen des Wassers ist in Kanada völlig problemlos, wir bekommen es an Tankstellen oder Touristikinformationen und für das wöchentliche Wäschewaschen gibt es fast überall kleine Waschsalons. Diese Einrichtungen liebe ich zwischenzeitlich heiß und innig: ein eigenes kleines Universum, in dem jeder mit jedem plaudert, man vieles über die Umgebung und die Leute erfährt und ehe man sich es versieht, ist die Wäsche gewaschen und getrocknet.

Unser Fahrzeug fällt natürlich auf, es ist exotisch und offensichtlich ein Sympathiemagnet und so wird es zur Normalität, dass wir bzw. Mr. Benz permanent fotografiert werden. Zugegeben, manchmal ist es mühsam, denn wir erzählen mehrmals am Tag immer die gleiche Geschichte von unserem Vorhaben, aber auf der anderen Seite sind es meist sehr nette Begegnungen. Es passiert immer wieder, dass uns jemand zu sich nach Hause einlädt, um uns ein ‚vernünftiges' Bett anzubieten und mehr über unsere Reise zu erfahren, aber wir fühlen uns im Lkw sehr wohl und möchten unsere Matratze und unsere Dusche gegen keine andere tauschen. Es kommt jetzt so etwas wie eine Alltagsroutine auf, der Ablauf des Tages spielt sich ein und auch für Lucky wird das Leben im Lkw zur Normalität. Er schläft beim Fahren entspannt zwischen uns im Fahrerhaus und erschnüffelt jeden Tag freudig ein neues Revier. Man merkt auch, dass er kein Welpe mehr ist, er hat seinen flauschigen Pelz gegen ein dickes glänzendes Fell getauscht (noch nie zuvor habe ich meinen Dyson Handstaubsauger derart geliebt!) und zeigt erste aber deutliche Anzeichen, dass er zum ‚Pubertierchen' mutiert.

Unser Resümee im ersten Monat: wir sind zufrieden und glücklich – miteinander, mit unserem Leben und mit unserer Entscheidung zu dieser Reise. Das hört sich vielleicht banal an, aber wenn man zuhause losfährt, kann man ja nicht wissen, wie man sich unterwegs fühlen wird, ob sich der Traum nicht eventuell als Alptraum entpuppt, aber wir fühlen uns wohl. Wir freuen uns über kleine Dinge wie einem schönen Übernachtungsplatz oder einem Sonnenuntergang und merken, dass gerade die Einfachheit unser Leben bereichert. Aber das ist ja erst der Anfang und wir haben noch so viel Zeit, können noch derart viel entdecken und wir sind uns sicher ALLES WIRD GUT!

In den Rocky Mountains

Auf unserer Reise geht es weiter über Manitoba, Saskatchewan und Alberta nach British Columbia.

Die Provinzen Manitoba und Saskatchewan haben für unseren Geschmack eher wenig zu bieten: beide sind unendlich flach und aufgrund der riesigen Rapsfelder leuchtend gelb. Die ersten Tage stören wir uns noch nicht daran, aber dann macht uns die Monotonie doch etwas mürbe und wir beschließen, für unsere Verhältnisse ‚Meter zu machen'. Über zwei Wochen gönnen wir uns keine Auszeit, es gibt keine wirklich hübschen Plätze, die zum Stehen einladen bzw. ist es halt auch nicht ganz so leicht, sich mit einem auffällig hohen Fahrzeug in einer flachen Landschaft oder einem der tausenden Rapsfelder zu verstecken. Deshalb muss oft ein Walmart Parkplatz als Schlafplatz herhalten. Auch nicht wirklich das Gelbe vom Ei, denn außer dass Internet und Futter verfügbar sind, haben die Plätze wenig Charme. Zudem haben wir kaum Ruhe, da Mr. Benz immer die Attraktion des Platzes ist, es klopft ständig an der Tür und wir werden unentwegt fotografiert. Eigentlich haben wir uns zwischenzeitlich schon daran gewöhnt, aber jetzt nervt es uns beide. Nicht weil es mehr ist als sonst, sondern weil wir vom vielen Fahren ausgelaugt, angespannt und gereizt sind. Wir merken, dass uns eine Pause wirklich gut täte. Am besten wären ein paar einsame Tage in der Natur ... ohne ‚Interviews' und ohne Fotos. Und da ist es, das erste kleine Down.

An der Grenze zu Alberta ändert sich die Landschaft mit einem Schlag: endlich wieder Bäume, Hügel und dann ... Berge! Die Belohnung für die Monotonie der letzten zwei Provinzen ist der Anblick der Rocky Mountains, die plötzlich wie unüberwindbar vor uns stehen. Allein der Anblick tut schon unendlich gut.

Das absolute Highlight in Alberta ist der Banff Nationalpark. Aber wie es Attraktionen halt so an sich haben, ist man dort selten alleine. Und in der Hochsaison an einem Wochenende schon gar nicht. Die Camps innerhalb des Parks sind bereits seit Monaten ausgebucht (wohlgemerkt jedes Camp hat ca. 1000 Stellplätze!), aber das schreckt uns nicht und wir fahren trotzdem an einem Samstag in aller Herrgottsfrüh in den Banff Nationalpark hinein. Im Parkinneren ist es dann aber wesentlich entspannter als gedacht und wirklich beeindruckend schön. Wir hadern mit uns, ob wir über Nacht im Park bleiben sollen. Am Nachmittag nimmt der Wettergott uns die Entscheidung ab: es regnet plötzlich aus Kübeln und so verlassen wir den Park, statt doch die Suche nach einem der begehrten Campingplätze anzutreten.

Außerhalb des Parks bleiben wir in dem Städtchen Golden kurz stehen und sind dort im wahrsten Sinn des Wortes ‚goldrichtig'. Denn neben einem herrlichen Kaffee bekommen wir einen Tipp und finden genau das, was wir uns die ganze Zeit über schon so gewünscht haben: einen Stellplatz direkt an einem Flussufer, kristallklares Wasser, absolute Einsamkeit, nur das Rauschen des Flusses, im Hintergrund die Berge und sonst nichts und niemand. Die Auszeit tut uns allen sehr gut, wir genießen diese Idylle ganze drei Tage lang, tanken auf und erholen uns. Wovon? Vom Nichtstun? Nein, vom Reisen! Solche Pausen sind unheimlich wichtig, aber das müssen wir erst lernen und dazu komme ich etwas später.

Weiter geht es in British Columbia durch den Glacier und den Revelstoke Nationalpark. Beide Parks sind kleiner als der Banff Nationalpark, deshalb sind sie weniger populär und selbst jetzt in der Hauptsaison kaum besucht. Sie können aber den ‚großen' locker das Wasser bzw. den Schnee reichen. Wir gehen stundenlang spazieren und Herr Hund hat eine tierische Wonne, sich im Schnee zu wuseln.

Apropos ‚tierisch': während sich die Moskitos gegen alle Befürchtungen und Erzählungen sehr in Grenzen halten, sind die Warnungen vor den Bären hier kein Scherz. Auch wenn manche (sorry, aber vornehmlich asiatische) Touristen dies nicht glauben wollen und lachend vor den Warnschildern stehen. Wir werden von den Rangern immer wieder eindringlich darauf hingewiesen, kein Essen außerhalb des Fahrzeugs liegen zu lassen. Viele Einheimische tragen übrigens Glocken am Gürtel, um durch das Geräusch die Bären abzuhalten. Wir brauchen keine Glocken, wir haben ja unseren bellenden Flohbeutel.

So langsam aber sicher realisieren wir, dass sich Alaska zeitlich leider nicht ausgeht. Dafür sind drei Monate zu kurz, wir zu langsam unterwegs und Kanada ist einfach zu groß für dieses Vorhaben. Wir beschließen daher, in British Columbia gemütlich weiter in den Norden und dann in Richtung Yukon zu fahren.

Und beim Fahren haben wir es momentan sehr unterhaltsam, denn im Fahrerhaus fließen neuerdings mindestens ein Mal am Tag Tränen – und zwar vor Lachen: Grund dafür ist, dass ich meinem Mann ein paar Standardsätze auf Spanisch beibringen möchte. Ich fände es halt ganz praktisch und sinnvoll, wenn er auf unserem Weg durch Südamerika einen Polizisten zumindest begrüßen oder sich nach dem Weg erkundigen könnte. Nun ja, mein lieber Gatte besitzt wirklich sehr viele Talente, aber Sprachen zu lernen zählt nicht zu seinen Stärken. Er kann sich einfach absolut keine Vokabeln merken und verwendet in seiner Verzweiflung seine gesamte Fantasie zum Umdichten, was regelmäßig in Lachkrämpfen endet. So wird z.B. aus einem Spanischen ‚hola' kurzerhand und freudestrahlend ein ‚aloha' … naja, es bleibt abzuwarten, ob sich der Herr Polizist begrüßt fühlen wird oder ob er meinen Mann eher zu einem Alkoholtest auffordert. Aber wie auch immer ALLES WIRD GUT!

Abseits der Touristenpfade

Die nächste Lektion auf unserer Reise: wir lernen, flexibel zu sein. Unsere ursprüngliche Idee war ja, weiter in den Norden und nach Yukon zu fahren, aber diesen Plan verwerfen wir, denn er hätte bedeutet, jeden Tag fahren zu müssen, um rechtzeitig wieder aus Kanada auszureisen. Allein die Vorstellung ist uns viel zu stressig.

Also fahren wir stattdessen gemütlich in British Columbia herum. Aber trotz aller Gemütlichkeit kommt jetzt der Moment, in dem wir auch manche Parks, die wir eigentlich noch besichtigen wollten, von der Liste streichen. Es mag sich nach Undankbarkeit anhören, aber es ist eher eine Ehrlichkeit gegenüber der eigenen Wahrnehmung: natürlich ist jeder dieser Provincial oder National Parks auf seine eigene Art wirklich wunderschön, aber die Schönheit der Wasserfälle, Seen, Canyons etc. wiederholt sich irgendwann. Das Besondere wird eine Spur ‚normal' und man wird leider etwas blind für den ursprünglichen Wow-Effekt.

Und um uns eben weder stressen zu müssen noch undankbar zu werden, ändern wir unsere ‚Reise-Strategie' etwas ab: statt ‚fahren und ansehen' heißt es jetzt viel mehr ‚stehen und genießen'. Pausen einzulegen und zu verarbeiten, das ist beim Langzeitreisen unheimlich wichtig. Vor Jahren habe ich einmal vom ‚Reise Burnout' gelesen und konnte mir nichts darunter vorstellen. Aus heutiger Sicht verstehe ich es und weiß, dass man im Grunde genommen gar nicht langsam genug reisen kann. Was man anfangs gar nicht bewusst realisiert, ist die Tatsache, dass der Kopf ja unentwegt mit Neuem ‚gefüttert' wird: man ist ständig an einem neuen Ort, trifft neue Menschen, gewinnt neue Eindrücke, kommt in neue Situationen und und und. Und der Kopf braucht unbedingt ab und an eine Auszeit, um dies zu verarbeiten und mal abzuschalten, sonst wird es schnell zu viel. Deshalb kann ich jedem nur dazu raten, so viel Tempo herauszunehmen wie nur irgendwie möglich.

Wir haben das erkannt und suchen nun viel gezielter nach Plätzen, an denen wir mehrere Tage bleiben und das Nomaden-Dasein genießen können. So stehen wir zum Beispiel gerne an Flüssen oder Seen, die etwas abseits liegen und die wir uns im schlimmsten Fall mit ein paar Fischern teilen müssen. All das sind keine Touristen Highlights, aber das Schöne an solchen Orten ist, dass hier weder die Uhrzeit noch der Wochentag eine Rolle spielen. Wichtig ist lediglich, wie viel Wasser für die nächsten Tage im Tank und wie viel Futter im Kühlschrank sind.

Die Reise macht auch etwas mit uns und sie verändert uns. Wir sind ja diese tagelange absolute Stille von zuhause gar nicht gewohnt, wissen mit ihr erst mal gar nicht umzugehen und suchen uns zunächst permanent eine Beschäftigung. Aber jetzt spüren wir, dass man diese absolute Ruhe umso mehr genießt, je ruhiger und entspannter man selbst ist.

Natürlich findet man unterwegs nicht immer nur solch idyllischen Plätzchen, aber wir stehen zumindest stets frei und dabei passieren auch wirklich witzige Dinge: an einem See in der Nähe von Prince George spricht uns zum Beispiel ein Herr an und erzählt, er habe auch ‚ein bissi' Bezug zu Österreich. Beim Plaudern stellt sich heraus, dass es ‚bissi viel' Bezug zu Österreich ist, denn er ist der Neffe von Rudolf Kirchschläger, einem ehemaligen Österreichischen Bundespräsidenten. Oder in Quesnel freuen wir uns wie die kleinen Schneekönige, als wir am Stadtrand zufällig eine schöne, riesengroße Wiese als Übernachtungsplatz finden, auf der nur einige Wohnwägen und ein paar Pferden stehen. Doch als wir von einem ausgiebigen Spaziergang mit Lucky zum Benz zurückkommen, ist die Wiese plötzlich völlig zugepflastert und nicht mehr wiederzuerkennen. Wir parken mitten in einem Rodeo Fest und an Wegfahren brauchen wir gar nicht erst zu denken. Zwischen den Hunderten Pferden, Cowboys und Strohballen ist es dann aber so lustig und heimelig, dass wir ganze drei Tage auf der Wiese verbringen und mitfeiern. Die Herzlichkeit uns exotischen ‚Ösis' gegenüber ist groß: wir bekommen Whiskey spendiert und freien Eintritt zu allen Wettbewerben.

Und unsere Glückssträhne geht weiter: einige Tage später dürfen wir in einem Skiresort hinter dem Haus einer unheimlich gastfreundlichen Familie bleiben. Das Szenario ist völlig skurril und wir müssen selber lachen, denn wir stehen mitten im Sommer an einem Skilift, trinken morgens gemeinsam mit den Besitzern in der Almhütte Kaffee und zum Kochen hören wir im Mr. Benz Austro Pop. Auch dieses Plätzchen ist zwar unspektakulär, aber wir drei haben es super nett, gehen auf den Skipisten ausgiebig wandern und Lucky hat einen neuen ‚kleinen' 60kg Hundefreund und ist trotz des buchstäblichen Ungleichgewichtes super happy.

Apropos happy: nach fast zwei Monaten auf vier Rädern ziehen wir wieder Resümee und sind glücklich, wir haben es sehr fein und genießen unser Leben. Dennoch werden wir manchmal gefragt, ob uns in Kanada etwas abgeht … jaaa, das tut es tatsächlich, aber es ist weder das warme Leberkässemmerl noch der Fernsehabend auf der Couch (wobei beides mal wieder ganz schön wären) … nein, es ist KÄSE! Man möchte es nicht glauben, aber in Kanada gibt es eigentlich nur Cheddar – es gibt ihn zwar in unzähligen Variationen, aber diese unterscheiden sich nur farblich (vom knalligen Orange bis zum blassen Beige gibt es alles, einfarbig, marmoriert oder gestreift) und schmecken alle gleich (fad). Wer hätte das gedacht, aber so ein Stückchen würziger Emmentaler oder ein Kugerl saftiger Mozzarella wären so was von fein und stehen ganz oben auf der ‚wir-vermissen-dich-Liste'. Und dabei ist es eigentlich absolut unverständlich, denn ganz Kanada ist voller Rinder – sei es lebendig auf den Weiden oder verarbeitet in den Supermärkten, da biegen sich die Regale vor lauter Rindfleisch. Was machen die Kanadier bitte schön mit der Milch bevor das Rindviech als Steak auf ihrem Teller landet? Es bleibt ein großes Rätsel. Mal sehen, vielleicht ändert sich ja das Käseangebot wenn wir in ein paar Wochen in Amerika sind … aber ob mit oder ohne Käse, ALLES WIRD GUT.

Vom Atlantik zum Pazifik

Wir fahren weiter auf den Pfaden der Goldgräber und den Cariboo Goldrush Highway von Prince George in Richtung Vancouver. Die Berglandschaft ist sehr spannend und sehr abwechslungsreich – mal extrem karg, rau und zerklüftet und dann wieder endlose Wälder voller kristallklarer Bergseen, Bächen und Wasserfällen.

Zwischenzeitlich ist es im wirklich wunderschönen British Columbia richtig Hochsommer geworden und dies ist selbst für uns Touristen in zweierlei Hinsicht unübersehbar: zum einen hat es kuschelige 38° Grad im Schatten (und somit mindestens 40° Grad im Mr. Benz) und zum anderen feiern die Moskitos Tag und Nacht so richtig Party. Zu den Moskitos gesellen sich gerne Scharen an sogenannten Black Flies, das sind klitzekleine flinke, schwarze Fliegen, die freundlicherweise nicht stechen sondern stattdessen ein Stückchen Haut herausreißen. Die Kombination aus Blutbiestern und Hitze ist auf Dauer etwas anstrengend. Aber man kann zumindest frei wählen, worunter man lieber leiden möchte: will man den Moskitos entfliehen, so stellt man sich auf einen vor Hitze flimmernden Asphaltparkplatz am Walmart und bekommt einen Hitzeschlag. Will man hingegen der Hitze entkommen, so flüchtet man sich an einen See oder einen Fluss und stellt sich den Moskitos als Snack zur Verfügung (wobei man sich bei der Masse an Stichen nicht wie eine lapidare Zwischenmahlzeit sondern wie ein ganzes Festmahl fühlt!).

Die Walmart-Hitzeschlag-Variante wählen wir nur ein einziges Mal, aber da plagt mich eine solch gemeine Darmgrippe, dass es mir ehrlich gesagt völlig egal ist, woran ich sterbe. Die Flucht an einen See praktizieren wir öfter. Diese Variante ist auch schlimm, aber vergleichsweise das (etwas) kleinere Übel und bringt vor allem Herrn Hund eine wohltuende Abkühlung, denn er hat seit Neustem das Schwimmen für sich entdeckt und ist eine richtige Wasserratte geworden. Die Moskitos sind allerdings derart heftig, dass man den ganzen Tag das Gefühl hat, man sei unfreiwillig bei einer Blutspende und wird förmlich leergesaugt. Aber hilft es ja nichts, das ist Kanada und da muss man durch. Wobei drei Dinge in dieser Situation schon spürbar Abhilfe leisten: erstens unser Moskitonetz, das wir zum Schlafen aktiviert haben und mit dem wir super zufrieden sind. Die lange Recherche nach einem rechteckigen Netz passend in der Größe unseres Bettes macht sich wirklich bezahlt. Zweitens unsere Regenjacken, denn wir haben entdeckt, dass sie nicht nur vor Nässe sondern auch hervorragend vor Stichen schützen. Zugegeben, gerade mittags sind sie vielleicht etwas warm, aber man schwitzt ja ohnehin, dafür erspart man sich aber wieder zahlreiche Stiche. Und drittens unser heißgeliebter Handstaubsauger und seine neue Zusatzfunktion, denn er erlaubt selbst ohne Kontaktlinsen auf eine elegante Art und Saugweise, die Bestien effizient und ohne hässliche Blutspuren auf Bettwäsche oder Wänden zu töten. Er ist sozusagen eine perfekte Mordwaffe für halbblinde Ästheten ... ‚Geh ohne Dyson nicht auf Reisen‘ ... ein grottenschlechter Reim aber dafür wahr!

Die heftige Hitze bleibt unverändert, aber ab Whistler (Olympiaaustragungsort 1988) ist die Moskito Party kaum noch zu spüren und in Vancouver hat sie dann endgültig ein Ende. Die kleinen Bestien mögen offensichtlich keine Skiregionen und kein Meer.

Whistler gefällt uns wirklich gut: wir stehen mitten drinnen, es hat eine sehr angenehme Atmosphäre, ist bekannt für seine tollen Mountainbike Strecken, wobei wir statt zu radeln lieber stundenlang spazieren gehen.

Von Whistler geht es weiter nach Vancouver und ganz gegen unsere Gewohnheit fahren wir nicht nur ins Zentrum hinein, sondern nächtigen auch mitten in der Großstadt und das sogar fünf Nächte. Wobei wir eigentlich gar nichts dafür konnten und es auch völlig ungeplant war, denn als wir uns in einer sehr noblen Gegend am Strand einparken, kommt relativ schnell die Polizei vorbei. Ihr Auftritt ist wirklich wie in einem Film, vier sonnengebräunte Jungs auf Quads mit verspiegelten Sonnenbrillen und einem breiten Grinsen. Sie sind sehr entspannt und interessieren sich natürlich für unser Fahrzeug. Sie besichtigen das Innere unseres ‚Chalets‘ und wir plaudern etwas länger mit einem der Polizisten, der sich im Nachhinein als Oberindianer der Strandpolizei herausstellt. Mit den

Füßen im Sand vom Spanish Bank und dem Blick auf die Skyline von Vancouver erzählen wir ihm, dass wir gerade so richtig happy seien, immerhin haben wir es trotz vieler Umwege in genau zwei Monaten auf dem TCH #1 (Trans Canada Highway) vom Atlantik zum Pazifik geschafft. Offensichtlich findet er an uns und unserer Reisegeschichte Gefallen, denn als wir ihn etwas tolldreist fragen, wo man denn hier im Schilderwald der Parkverbote gratis und legal nächtigen könne, zückt er einfach seine Visitenkarte und meint, wir dürften mit seiner Erlaubnis hier am Strand bleiben – und zwar so lange wir wollen. Wir sind völlig sprachlos, das ist der Hammer, oder? Denn Hotel kann jeder, aber in Vancouver mit einer offiziellen Erlaubnis am $$$-Strand in der ersten Reihe fußfrei zu stehen, das ist schon sehr charmant.

Und wieder eine Lektion gelernt: es lohnt sich immer, auf die Polizei zuzugehen und um Erlaubnis zu fragen. Denn die Flexibilität ist wesentlich größer als bei uns in Europa und sollte sie aus dem Unmöglichen mal nicht das Mögliche machen können, so ist die Hilfsbereitschaft so groß, dass sie zumindest immer einen ‚heißen Tipp' haben, wo man über Nacht bleiben kann.

Es werden tolle und entspannte Tage in Vancouver, wir montieren das Fahrrad vom Heck, radeln gemütlich ins Zentrum von Vancouver und gehen viel mit Lucky am Strand spazieren. Wir bekommen von einer österreichischen Familie eine Einladung zum Schweinebraten-Essen, die wir natürlich annehmen. Am Sonntagmorgen dann die nächste Überraschung: plötzlich sind wir von McLaren, Lamborghinis und Ferraris umgeben, denn die besser betuchten Nachbarn treffen sich offensichtlich regelmäßig auf diesem Parkplatz und unser 42 Jahre alter Benz ist heute die absolute Attraktion. Man fotografiert uns von allen Seiten und ich setze all meinen Charme ein, um einen der Herren zu einem Tauschgeschäft zu überreden. Vielleicht möchte ja jemand seinen luxuriösen Boliden gegen unseren gewichtigen Oldtimer eintauschen? Leider ist da nichts zu machen, aber immerhin lädt man uns ans Frühstücksbüffet ein und wir verbringen einen sehr lustigen Vormittag.

Von Vancouver aus geht es ein Stückchen Richtung Osten. Der Grund hierfür ist ein defekter Thermostat in unserem Kühlschrank.

Und dieses kleine, unscheinbare Teil führt uns mehr als deutlich vor Augen, dass wir fast so etwas wie obdachlos sind: der Kühlthermostat gibt eines Morgens einfach den Geist auf, was natürlich keine große Panne ist, die einen am Weiterfahren hindert, aber der Umstand ist gerade bei den momentanen Temperaturen echt lästig und gehört behoben. Das Verzwickte daran ist allerdings, dass wir hier in Kanada exakt diesen (Deutschen) Kühlschrank brauchen, da ein anderer von dem Maß her nicht in die Lade passt. Wenn man nur sporadisch Internet und kein kanadisches Handy hat, dann wird die Suche zwar etwas erschwert, aber als ehemalige Shopping Queen nehme ich die Herausforderung liebend gerne an und recherchiere natürlich bei Amazon. Ich werde bei einem Kanadischen Händler sogar fündig und bin mächtig stolz auf meine vermeintliche Beute. Mein Shopping-Krönchen gerät allerdings ganz gehörig ins Wackeln als ich realisiere, dass ich zwar das passende Modell zu einem richtig tollen Preis ‚ergattert' habe, aber dass meine Bestellung an einer nicht existierenden Lieferadresse scheitert. Tja, da wird uns bewusst, was es heißt, buchstäblich auf der Straße zu leben: wir sind zwar nicht obdachlos aber dafür anschriftslos und somit eines Amazon-Kaufs nicht würdig. Das Ende vom Lied: nach zahlreichen klassischen Anfragen per Mail antwortet schlussendlich dann ein Campingausstatter, dass er bereit sei, den Kühlschrank für uns zu bestellen. Wir bekommen ihn in circa 10 Tagen, zu einem deutlich höheren Preis und mit 250km Umweg. Aber wollen wir mal nicht undankbar sein. Gekühlte Getränke sind das doch auf jeden Fall wert, oder? Wir lernen wieder dazu, denn offenbar gibt es immer eine Lösung und ALLES WIRD GUT!

Verrauchtes Finale und auf der Flucht

Kanada ist wirklich wunderschön und sehr entspannt, dennoch verlassen wir es regelrecht fluchtartig: es fängt damit an, dass wir uns am letzten Tag in Vancouver über den merkwürdigen ‚Nebel' wundern, der den ganzen Tag über der Stadt hängt. Wir erledigen noch alle wichtigen Services wie Ölwechsel, Räder umstecken sowie Haare schneiden und hoffen, dass sich der ‚Dunst' endlich verzieht. Bald stellt sich aber heraus, dass nicht etwa der Herbst hereinbricht, sondern dass es sich um den dichten Rauch von den Waldbränden in British Columbia handelt. Anfangs hat es noch etwas von einer gewissen Lagerfeuerromantik und wir machen beim Fahren noch Witze, dass wir uns sicherlich in einer sehr schönen Umgebung befänden, wir könnten sie vor lauter Qualm halt nur nicht sehen.

Aber es wird von Tag zu Tag schlimmer. Nach einer Woche vergeht uns dann endgültig das Lachen und es herrscht so richtig gespenstische Endzeitstimmung: den ganzen Tag über wird es nicht richtig hell, die Sonne ist durch den Rauch nicht mehr zu sehen, allerdings wird es ab Mittag unerträglich heiß und vor allem noch stickiger. Wir stehen in Grand Fork und das Szenario ist skurril, denn die gesamte Stadt ist voller Rehe, die aus dem Wald flüchten. Gleichzeitig ist aber kein Mensch mehr auf den Straßen, denn alle verschanzen sich in der 5. Jahreszeit – der fire saison – natürlich in ihren klimatisierten und rauchfreien Räumen. Es geht kein einziges Lüftchen, der Rauch steht und um uns herum sieht es aus wie in einer vernebelten Waschküche. Klar flüchten wir uns ins Innere des Lkws, aber wir müssen im Mr. Benz dennoch die Fenster öffnen, denn sonst hält man die Temperaturen nicht aus. In der ‚durchlüfteten' Kabine werden die Kopfschmerzen und die Atembeschwerden immer heftiger und irgendwann geht es einfach nicht mehr. Nur weg hier! Also reisen wir 10 Tage früher als geplant aus Kanada aus.

Aber trotz der ‚Flucht' blicken wir sehr glücklich auf die vergangenen Monate zurück, denn auch wenn wir Yukon und Alaska nicht gesehen haben, so haben wir dafür ganze sechs Wochen in British Columbia verbracht. Und die Provinz verdient es tatsächlich, dass das Prädikat ‚wunderschön‘ auf jedem Autonummernschild steht.

Und hier noch etwas Zahlen, Daten, Fakten zu unserem ersten Reiseland: wir sind in Kanada insgesamt etwas über 9.000 km gefahren und haben circa 1.800 Liter Diesel verbraucht. Auf der ganzen Strecke haben wir kein einziges Fahrzeug überholt, sind aber selbst hunderte Male überholt worden. Das sind wir ja eigentlich gewohnt. Neu war aber, dass wir nur ganz wenige kanadischen Stinkefinger gesehen haben und dass wir kaum geschimpft wurden, weil dem anderen Autofahrer unsere Reisegeschwindigkeit offenbar nicht gefiel.

In der ganzen Zeit haben wir elf Waschsalons aufgesucht, aber keinen einzigen Campingplatz. Wir haben ca. 3500 Liter Wasser verbraucht, aber keinen einzigen Liter Wein. Ich habe ca. 850 Teebeutel aufgebrüht, vornehmlich Kamille. Nein, nicht für Sitzbäder sondern tatsächlich zum Trinken, denn seitdem ich nicht mehr rauche, habe ich eine neue (zugegebenermaßen perverse) Sucht – Kamillentee mit Honig. Wir sind unter unserem geplanten Reisebudget geblieben und das, obwohl wir es uns gut gehen ließen (nein – hier besteht kein Widerspruch zum Kamillentee!).

Was bleibt uns von Kanada besonders in Erinnerung? Natürlich gab es viele besondere Orte und Momente, aber es sind vielmehr die Dimensionen (und zwar sowohl landschaftlich als auch menschlich), die Kanada für uns so besonders und unvergesslich machen: Zum einen die unberührte und scheinbar unendliche Weite, mit der das Auge anfangs richtiggehend überfordert ist, all die Wälder, Seen, Flüsse und Bäche, zum anderen die Herzlichkeit und Freundlichkeit der Kanadier, die Lockerheit und Ungezwungenheit, mit der einem selbst die Polizei begegnet (skurriles Detail apropos Lockerheit: Alkohol in der Öffentlichkeit ist in Kanada verboten, Marihuana aber völlig legal). Wir waren erstaunt über die vielen Einladungen sowie über all die Angebote, uns zu helfen oder uns zu unterstützen. Die Kanadier sind sehr warmherzig und offen. Dementsprechend leicht kommt man in Kontakt und hat viele sehr nette Begegnungen. Und genau diese menschlichen Highlights, die man in einem ‚normalen' Urlaub nicht erlebt, machen unsere Reise so besonders.

Das bringt mich zu einem wichtigen Punkt, nämlich warum das Leben im Lkw zwar sehr fein ist, aber warum es definitiv nichts mit einem Dauerurlaub zu tun hat. Ich habe etwas gebraucht, um den Unterschied mit einem Wort beschreiben zu können, aber im Grunde genommen ist es simpel, es ist das Wort ‚Alltag'. Wenn man auf Urlaub fährt, dann lässt man gerade den lästigen Alltag gut versperrt daheim zurück. Man genießt ein Leben ohne ihn und er holt einen erst wieder Zuhause ein, etwa in Form eines Wäscheberges, eines wieder zu befüllenden Kühlschrank etc. Bei der Langzeitreise hingegen fährt der Alltag jeden Tag mit und genau dieser ‚Lästwanz' ist ehrlich gesagt der anstrengendste Teil des Reisens, weil man ihn von unterwegs – also quasi von der Straße aus - organisieren muss. All die alltäglichen Fragen wie etwa was man die nächsten drei bis vier Tage kocht und wo man es einkauft und wie man all die Lebensmittel in der kleinen Kühlbox unterbringt. Wo ist der nächste Waschsalon und kann man dort mit einem 9,5 Tonnen Lkw für paar Stunden parken? Wo kann man den Wassertank (idealerweise mit Trinkwasser) auffüllen und wo die Toilette entleeren? Und nicht zu vergessen die wichtige Frage, die sich Tag für Tag spätestens ab 15 Uhr stellt: wo schlafen wir heute Nacht? All das ist gut zu bewältigen, nur ist es halt wesentlich aufwendiger als daheim.

Ein weiterer großer Unterschied zum Urlaub ist die Tatsache, dass man seine Privatsphäre größtenteils daheim zurücklässt und das ist manchmal nicht ganz so leicht: natürlich kommt es uns sehr oft zugute, dass Mr. Benz ein wahrer Sympathiemagnet ist und wir profitieren davon, keine ‚normale weiße Campingware' zu fahren. Aber die auffällige Ungewöhnlichkeit bzw. die ungewöhnliche Auffälligkeit unseres Charmeurs hat auch ihre Kehrseite. Wir können nicht einfach mal irgendwo schnell stehen bleiben, ohne dass wir zum gefühlten 100.000sten Mal unsere Geschichte erzählen und immer dieselben Fragen beantworten dürfen. Selbst wenn wir uns ins Fahrzeuginnere zurückziehen, um zu lesen oder nur um zu dösen, gibt es mit Sicherheit wieder jemanden, der Mr. Benz bewundernd umkreist, an die Tür klopft oder aber unsere österreichische

Landesflagge am Heck entdeckt und dann unüberhörbar fragt, wie wir es von Australien hierher geschafft haben (!!! – unsere Standardantwort: nein, nicht ‚Australia', wir kommen aus ‚Austria'. Wir haben keine Kängurus, wir haben nur einen Haufen Berge und Schnee). Zudem werden wir ständig fotografiert und dabei wird meist nicht gefragt, ob es in Ordnung sei oder ob man schon salonfähig sei und die Wimperntusche bereits aufgetragen hätte. Kurzum, wir sind im Grunde ständig wie auf einem Präsentierteller und so wirklich Ruhe haben wir nur, wenn wir in der absoluten Pampa stehen.

Das ist erst mal neu und teilweise befremdend, denn zuhause ist man es gewohnt, dass man in seinen eigenen vier Wänden völlig ungestört ist und dass man sich zurückziehen kann. An einem guten Tag ist einem das eher egal, aber an einem etwas weniger guten (und solche Tage hat man unterwegs genauso wie auch daheim) kann es schon mal richtig nerven. Natürlich ist das alles kein großes Drama, wie vieles andere auch wird auch das zur Normalität. Aber es soll die ‚Abenteuer-Dauerurlaub-Romantik' etwas relativieren und ins rechte Licht rücken. Uns macht das Leben unterwegs trotzdem viel Spaß und ALLES WIRD GUT!

Proud Sponsor
MARLO
BILLY BARKER
CASINO HOTEL
RODEO CLUB

AMERIKA

Nicht alles, aber vieles anders

Über einen kleinen Grenzübergang reisen wir völlig problemlos nach Washington State ein. Porträtfotos, Fingerabdrücke, ein paar Dollar für das Visum und das war's. Wir sind also in unserem zweiten Reiseland angekommen. Die Landschaft ist sehr ähnlich, die Sprache ist gleich, aber dennoch bemerken wir sehr schnell Unterschiede zu Kanada. Natürlich sollte man nicht vergleichen und schon gar nicht pauschalisieren, aber insgeheim tut man es ja doch ein wenig. Und wenn ich Kanada und Amerika gegenüberstelle, dann fällt mir eigentlich nur ‚anders' ein. Dies ist das einzig treffende Wort, das den Unterschied wertneutral sowie politisch korrekt beschreibt und auch genügend Platz für ein kleines Augenzwinkern lässt...

Amerika ist zum Beispiel im Hinblick auf das Preisniveau ‚anders' als wir es erwartet bzw. erzählt bekommen haben. Der Diesel ist zwar deutlich günstiger, aber bei den Lebensmitteln schaut es deutlich ‚anders' aus. Es gibt zwar die gleichen Supermarktketten, aber ‚andere' Preise und vor allem ein ganz ‚anderes' Sortiment. Im riesigen Labyrinth findet sich weit und breit kein Vollkornbrot mehr, aber dafür gibt es einen zusätzlichen Gang mit Schusswaffen. Auch das Trinkwasser ist hier ‚anders' und es schmeckt selbst im Nationalpark so als würde man einen kräftigen Schluck aus dem Swimmingpool nehmen.

Auf den Highways bietet sich ebenfalls ein ‚anderes' Bild, denn es gibt vor jeder Ausfahrt zweierlei offizielle Schilder: eines für die Tankstellenmarken und eines für die jeweiligen Fast Food Ketten, bei denen man sich schnell im Durchfahrt-Modus ‚verköstigen' kann. Apropos ‚Durchfahrt': so wie man seine Bankgeschäfte oder Apothekeneinkäufe schnell mal ‚drive thru' erledigt, so ist auch Mr. Benz zu einer Attraktion geworden, die man mit seinem Fahrzeug lautstark umkreist und ohne auszusteigen von allen Seiten fotografiert. Fragen zu beantworten ist mittlerweile eine Spur schwieriger geworden, denn wir müssen häufig den blubbernden 8 Zylinder Motor übertönen.

Die Amerikaner sind auch ‚anders', denn sie sind zwar unheimlich freundlich, aber halt ‚anders' freundlich, nämlich eine Spur zu übertrieben. Auf die Polizei trifft das Wort ‚anders' gleichfalls zu: verdunkelte Fahrzeuge, der Tonfall deutlich weniger locker und von Humor keine Spur.

Beim Freistehen und Nächtigen gibt es ebenfalls Unterschiede: innerhalb der Städte ist es wesentlich schwieriger als in Kanada, da bei Schulen, Sportplätzen oder sonstigen öffentlichen Einrichtungen sofort die (meist bewaffnete) Security kommt. Außerhalb von Städten ist es hingegen oftmals einfacher, denn es gibt viele ‚forest campgrounds', auf denen man meist wirklich schön und zudem gratis steht.

Von Washington State fahren wir erst mal weiter nach Wyoming. Der Yellowstone Nationalpark ist hier natürlich das absolute Highlight. Aber zwei Wochen Amerika haben auch uns verändert, auch wir sind etwas ‚anders' und spätestens hier sieht man, dass ‚anders' nicht unbedingt ‚schlechter' bedeutet. Zum einen fahren wir nicht wie in Banff am Wochenende in den Park sondern Dienstag bis Donnerstag. Zum anderen reservieren wir vorab einen Stellplatz auf einem Campground. Dieser ist zwar unverschämt teuer und zudem eine gigantische Wagenhochburg, aber so können wir den Park unbeschwert genießen, ohne am Abend wie Maria und Josef auf Herbergssuche zu gehen.

Der Yellowstone Park ist wirklich ein Hammer! Überall brodelt und blubbert es, Geysire brechen aus, es gibt traumhafte Canyons, dann wieder riesige Wasserfälle, ein Hochplateau mit einer Bergkette sowie dazugehörigem See und und und. Nach drei Tagen sind wir regelrecht erschlagen von all der Schönheit und wir sehnen uns so richtig nach ein paar Tagen Ruhe. Der Kopf braucht eine Auszeit, um all die Eindrücke zu verarbeiten.

Und bei diesem Wunsch gibt es Gott sei Dank kein ‚anders', er geht auch in Amerika in Erfüllung und wir finden einen schönen forest campground auf einem Hochplateau mit Blick auf den über 4000 Meter hohen Grand Teton. Das Plätzchen ist wirklich fein, von unserem Küchen- und Bettfenster aus blicken wir auf ein majestätisches Bergpanorama, erleben wunderschöne Sonnenauf-

und Untergänge, einen unbeschreiblichen Sternenhimmel und haben Gesellschaft von sehr netten Reisenden. Herr Hund findet hier einen gleichaltrigen Freund, mit dem er bis zum Umfallen spielen kann (und bekanntlich ist ein müder Hund der beste Hund).

Was macht man eigentlich den ganzen lieben langen Tag auf so einem Platz? Wir plaudern stundenlang, tauschen uns aus, grillen zusammen oder schauen dick eingepackt einfach nur gemeinsam in die Sterne. Aber neben all der Gemütlichkeit gibt es auch etwas Action, denn die Drohne unseres Brasilianischen Nachbars landet etwas unvorteilhaft im Wipfel eines riesigen Baumes. Wir überlegen gemeinsam und starten dann eine Rettungsaktion à la Macgywer, bei der wir unseren ‚Brazilien monkey' mit Seilen gesichert und zwei zusammengebundenen Besenstielen den Baum hinaufklettern lassen. Der Baum ist zwar wirklich groß, allerdings ist der Stamm nur relativ dünn und zudem geht ein beachtlicher Wind. Es wird filmreif, denn je näher das Baum-Monkey-Gespann dem Wipfel kommt desto bedrohlicher kommt es ins Schwanken. Zudem verheddert sich das Seil durch den Wind auch ständig in den Zweigen und die Frau des Brasilianers kann gar nicht mehr hinschauen, sie flüstert unentwegt ‚wir wollten doch noch irgendwann Kinder'. Aber unser Kletteräffchen ist extrem geschickt (und zwischenzeitlich übrigens auch Vater eines süßen Jungen), befreit die Drohne sowie das verhedderte Seil und beschließt zurück am Boden, dass die Rettung und sein Überleben gehörig gefeiert gehöre. Schließlich sei es inzwischen ja schon fast Mittag und somit ein Bier erlaubt.

Die Auszeit hier tut wieder einmal sehr gut und wir sind richtiggehend froh, dass wir einen vollen Tank mit frischem Poolwasser und einen prall gefüllten Kühlschrank haben. Nach einigen Tagen ist es dann genug und völlig ausgeruht starten wir weiter Richtung Utah. Ehrlich gesagt fürchten wir uns etwas vor den Temperaturen dort, aber was soll's, ALLES WIRD GUT!

Heiß – heißer - Utah

Wenn man eine Reise wie die unsere plant, dann muss man vorab nicht nur die Regen-, Hurrikan- und Jahreszeiten all der Länder von Kanada bis nach Patagonien berücksichtigen sondern auch so manchen Kompromiss eingehen. Und Utah im September ist ein solcher Kompromiss, denn man kommt vor Hitze zwar nicht ganz aber immerhin fast ganz um. Es ist derart heiß, dass Herr Hund sich sogar freiwillig mit einem Gartenschlauch abduschen lässt, ohne sich dabei wie ein Berserker aufzuführen und das will bei unserem Flohbeutel wirklich etwas heißen.

Aber es hilft ja nichts, denn einerseits wollen wir uns hier die Naturschmankerl nicht entgehen lassen, andererseits haben wir auch nicht die Zeit abzuwarten, bis es Ende Oktober endlich etwas abkühlt. So bleibt uns als Überlebensstrategie nur übrig, unseren Tagesablauf entsprechend den heftigen Temperaturen anzupassen: wie zu ‚guten' alten Bürozeiten weckt uns der Wecker täglich um 6 Uhr, spätestens um 7:30 Uhr reiten wir los und gegen 14 Uhr beenden wir den Tag. Das ‚Arbeitspensum' reicht bei dieser Hitze völlig aus und was früher ein abschätziges Schimpfwort war, das ist heute unser zweiter Vorname, nämlich ‚Schattenparker'. Aber Schatten zu finden ist hier leichter gesagt als getan. Denn auf den Campgrounds in der umgebenden Wüste findet man zwar vieles wie zum Beispiel Schlangen, Kakteen und dorniges Gestrüpp, aber sicherlich keinen Schatten. Deshalb müssen wir uns in eine Stadt flüchten, denn nur hier gibt es Bäume, die groß genug sind, um Mr. Benz im Schatten unterzustellen.

Diese Zuflucht bietet uns Moab. Die Stadt ist nicht nur strategisch super zentral bei den Nationalparks gelegen, sondern sie ist für uns auch so etwas wie eine Oase. Wir stehen fünf Tagen völlig legal in einer Seitenstraße am Eingang eines Stadtparks (ein wahres Paradies, denn ruhig, viele Bäume und ein kleiner Bach zum Abkühlen für Herrn Hund), starten von hier aus unsere Tagestouren und am Nachmittag haben wir zudem etwas ‚zivilisierte' Unterhaltung in Form von Kaffeehäusern mit WLAN und Shops.

Als erste Tour besuchen wir Arches: der Nationalpark mit seinen gigantischen Felsbögen begeistert uns so sehr, dass wir zwei Tage dort verbringen. Es ist wirklich unglaublich, welche Formen hier im Laufe der Zeit in der Natur entstanden sind.

Von Moab aus starten wir auch zum Dead Horse Point und ins Canyonland. Die gesamte Landschaft, die Felsformationen und die Farbenvielfalt um den Colorado River herum und die unzähligen Schluchten sind so gigantisch, dass man sprachlos und staunend dasteht. Man weiß gar nicht, was man als erstes fotografieren soll, aber letztendlich kann man die majestätische Schönheit auf Bildern ohnehin nicht ganz einfangen.

Und wir machen viele Bilder, aber man sieht uns auf ihnen so gut wie nie zusammen. Das hat seinen guten Grund: nicht etwa, weil wir uns nach fast vier Monaten Reise nicht mehr ertragen würden, sondern weil in den Nationalparks Hunde im Fahrzeug bzw. auf dem Parkplatz bleiben müssen. Deshalb müssen wir die Sehenswürdigkeiten getrennt voneinander besichtigen und einer von uns bleibt währenddessen jeweils bei unserer lebendigen Alarmanlage. Zugegeben, es wäre natürlich schöner, solche Highlights gemeinsam genießen zu können, aber für uns ist es zwischenzeitlich normal geworden, das erstmal alleine und sprachlos zu bewundern und uns erst anschließend auszutauschen.

Apropos ‚sprachlos': es ist richtiggehend amüsant, wie schnell es den Amerikanern die Sprache verschlägt, wenn wir uns ‚outen' und erzählen, dass wir im Mr. Benz ohne Klimaanlage leben. Da wird mehrfach nachgefragt, ob das eh kein Scherz sei und wir werden teilweise angesehen als seien wir Außerirdische, als ob ein ‚normales' menschliches Wesen ohne Klima nicht überlebensfähig wäre.

Die Temperaturen hier sind mittlerweile wirklich grenzwertig, aber wir verkaufen uns die Hitze als gutes Training für Mexiko und im Grunde ist es ja nur halb (nämlich nur 12 Stunden lang) so schlimm, denn am Abend fällt das Thermometer deutlich ab. Somit warten wir jeden Tag auf den Sonnenuntergang, denn dann kühlt es ab und ALLES WIRD GUT!

Im Land der Navajo Indianer

Manchmal scheint es, als würde uns ein Overlander-Reisegott begleiten und unsere Gedanken lesen, denn immer wenn wir uns ganz fest nach Ruhe oder Abkühlung sehnen, dann geht unser Wunsch in Erfüllung. So ist es auch nach der heftigen Hitze in Moab: in der Nähe von Monticello finden wir auf 2500 Metern Höhe ein einsames Plätzchen unweit eines Sees in einem Birkenhain. Endlich wieder kühle Luft, das Rascheln von Blättern und viel Grün statt Staub und Sand. Wir schnaufen tief durch und lassen unsere Seele drei Tage lang buchstäblich in der Hängematte baumeln.

Frisch ausgeruht und abgekühlt brechen wir zur nächsten Sehenswürdigkeit auf – dem Natural Bridges Nationalpark. Der Anblick der zweitgrößten Felsbrücken löst in einem ein bizarres Gefühl aus. Denn einerseits thronen sie mächtig und imposant in der Landschaft und andererseits merkt man zugleich, wie fragil sie sind, da der Zahn der Zeit unerbittlich an ihnen nagt.

In Utah und Arizona reihen sich die Highlights ja förmlich aneinander und so steht auch gleich der nächste Höhepunkt an, der Moki Dugway. Das sind drei Kilometer unbefestigte Straße mit 12% Gefälle, einspurig mit nur wenigen Ausweichbuchten und gaaanz vielen Spitzkehren. Kann man fahren, muss man aber nicht. Wir dürfen eigentlich nicht, da wir die zugelassene Gewichtsgrenze übersteigen, aber als ‚alte Offroader' müssen wir da natürlich sehr wohl runter und für Mr. Benz ist es keine wirkliche Herausforderung, sondern eher eine Einstimmung auf südamerikanische Straßenverhältnisse.

Und weil wir schon so in asphaltfreier Stimmung sind, begeben wir uns gleich auf die nächste (teilweise echt raue) Offroad Piste – das Valley of the Gods: 30 völlig einsame Kilometer durch eine absolut sensationelle Felsenlandschaft, die übrigens als Kulisse für den Film Forrest Gump gedient hat. Es herrscht dort eine absolute Stille und wenn man durch diese wirklich magische Landschaft fährt, dann versteht man, weshalb die Indianer die Felsformationen nach Göttern benannt haben. Wir sind vom indianischen Göttertal derart eingenommen, dass wir Kilometer für Kilometer staunend weiterfahren und erst am Ausgang behirnen, wie schön es gewesen wäre, im Valley of the Gods zu übernachten.

Nach dieser Tour sind wir wirklich ohne Worte aber dafür voll von rotem Staub und glauben erst mal nicht, dass es hierzu (zum Staub UND zur Sprachlosigkeit) noch eine Steigerung gäbe. Aber es gibt sie und zwar im Monument Valley: die Monolithen und die Felsnadeln in diesem Tal sind einfach der Hammer. Sie thronen unbeschreiblich majestätisch in der Landschaft, die aus unzähligen Rottönen besteht. Um das Bild abzurunden oder fast kitschig zu machen, sieht man viele Indianer, die auf den staubigen Pisten herumreiten. Sie sind im Übrigen keine Touristen-Attraktion, sondern Einwohner dieses Reservates.

Durch all diese Eindrücken ist der Kopf wieder randvoll und ‚er' ist wieder da, der Wunsch nach ein paar Tagen Ruhe.

Und auch dafür haben der Reisegott und das Land der Navajo Indianer ein absolutes Highlight parat, nämlich den Lake Powell – ein traumhafter Stausee mitten in der Wüste. Wie bei ‚wünsch Dir was' haben wir zudem das große Glück, dass wir am Sandstrand ein Plätzchen direkt in der ersten Reihe ergattern. Wäre ja eigentlich genug des Guten, aber nein, wir stehen so traumhaft, dass ich beim Kochen freien Blick auf den Lone Rock habe und am Abend scheint uns der Mond ins Auto. So was von herrlich, da muss man einfach vier Tage bleiben. Herr Hund findet ebenfalls Gefallen an dem Plätzchen, denn er hat neben dem Schwimmen eine neue Leidenschaft entdeckt, nämlich sich pitschnass von oben bis unten so richtig im Sand zu panieren und dann als ‚Blondine' ums (oder zu unserer großen Freude) ins Auto zu laufen. Die Stimmung am Lake Powell ist extrem entspannt und hat fast einen ‚Hippie-Flair'. Hier am Strand kommt es uns teilweise so vor, als wären wir jetzt schon auf der Baja California. Dieses Gefühl wird durch unsere mexikanischen Nachbarn noch verstärkt, denn sie adoptieren uns gleich mal und füttern uns unentwegt. Keine Ahnung, was wir alles gegessen haben, aber es war köstlich und die mexikanische Lebensfreude ist absolut ansteckend.

Nach dem Strandurlaub steht dann ein Großkampftag an: Mr. Benz wird innen und außen von Staub und Sand befreit und abgeschmiert, der Hund widerwillig schamponiert und mein Mann zum Friseur geschickt. Frisch gekampelt und geschnäuzt geht es weiter zu den nächsten Highlights, es stehen für die nächsten Wochen noch so einige Nationalparks am Programm, also etwas aufs Gas treten und ALLES WIRD GUT!

Die Highlights nehmen kein Ende

Zunächst besuchen wir den Bryce Canyon Nationalpark, wobei das Wort ‚Canyon' schon fast so etwas wie eine ‚irreführende Touristen-Werbung' ist und meiner Ansicht nach eine falsche Vorstellung erweckt, denn der Bryce Canyon ist keine ‚Schlucht'. Er ist vielmehr eine ewig lange Abbruchkante und ein darunterliegendes Gebiet mit bizarr skurrilen Sandsteinformationen. Aber eines stimmt dann doch mit den Werbeslogans überein: er ist wirklich spektakulär schön, so schön, dass wir gleich mehrere Tage bleiben. Erstens, weil wir auch diesen Park getrennt voneinander besichtigen und es somit doppelt so lange dauert, und zweitens weil wir einen wirklich schönen Stellplatz finden, der einsam in einem Pinienwald und zugleich nur 1,5 km, also in Gehweite, vom Parkeingang entfernt liegt. Wir fahren ganz zeitig in der Früh in den Park hinein und statt die Runde mit dem Bus zu fahren, gehen wir den ganzen Trail zu Fuß ab. Es ist sehr wenig los, wir sind fast alleine auf dem Wanderpfad und finden immer wieder Aussichtspunkte, bei denen man sich hinsetzen und das Szenario in Ruhe auf sich wirken lassen kann. Und es gibt so viel zu entdecken, keine Steinformation gleicht der anderen, es gibt so viele unterschiedliche Farben, alle Nuancen von Beige über Gelb hin zu Rot, manche von den Formationen haben so etwas wie Fenster, durch die man hindurchschauen kann und dahinter eine völlig andersartige oder andersfarbige Landschaft erblickt. Man könnte stundenlang nur schauen und staunen.

Eigentlich hatten wir anschließend den Cedar Nationalpark auf der Liste, aber dann entscheiden wir uns kurzerhand anders und fahren in die entgegengesetzte Richtung zum Escalante National Monument, weil es uns deutlich mehr reizt. Auf der Offroad Piste zum Devils Garden fluchen wir zwar zunächst etwas, denn sie ist bei der Hitze wirklich mühsam, aber im Nachhinein hat es sich auf alle Fälle gelohnt und war den Schweiß und den Staub wert: man betritt mitten in der Wüste diesen ‚Garten' und fühlt sich bei den riesigen Felsformationen plötzlich wirklich wie von teuflischen

Steinfiguren umgeben. Die Nacht ist dann mehr als kühl, aber der Sternenhimmel in der Wüste schon fast kitschig.

Am nächsten Tag machen wir eine Wanderung zu den Lower Calf Creek Falls, ein fast drei stündiger Marsch bei richtig knackigen Temperaturen auf schmalen sandigen Pfaden. Man ist wirklich gut beraten, genug Wasser mitzunehmen – natürlich auch für den Weg, aber vor allem weil einem beim Anblick des Wasserfalls samt Badepool echt die Spucke wegbleibt! Dieser Ort ist absolut einzigartig und hat fast etwas Unwirkliches. Man kommt aus der brütenden Hitze und mit einem Schlag ist es plötzlich angenehm kühl. Es ist total bunt, aber die Farben wirken fast künstlich. Man sieht die riesigen Wassermassen fallen und dennoch ist es unheimlich still. Es mag Zufall sein, dass wir genau an unserem viermonatigen Reisejubiläum an dem Wasserfall sind, aber als wir an diesem Ort stehen, da ist es wieder ganz deutlich da - dieses Gefühl, zu wissen, dass wir das Richtige tun. In den vier Monaten unserer Reise haben wir wirklich sehr viele schöne Dinge gesehen, aber die Lower Calf Creek Falls werden sicherlich als eines der ganz besonderen Eindrücke unvergesslich bleiben.

Wir fahren weiter zum Zion Nationalpark, der uns jedoch nicht ganz so beeindruckt. Das mag aber nicht am Park sondern am Wetter gelegen haben: die Schönheit von Zion erschließt sich vor allem, wenn man die Wanderungen im Parkinneren machen kann und dafür ist das Wetter leider zu schlecht. Deshalb begnügen wir uns damit, den Park vom Shuttlebus aus zu besichtigen (mit dem eigenen Fahrzeug darf man Zion nicht befahren) und da bleibt der Wow-Effekt natürlich etwas auf der Strecke.

Apropos ‚Strecke' - wir beschließen, nun wieder etwas Meter zu machen und uns eher auf Asphalt als auf Sand aufzuhalten. Es geht erst mal weiter nach Las Vegas und dann nach Los Angeles, was eigentlich gar nicht auf dem Plan stand. Nein, es hat nicht Hollywood angerufen, aber so ähnlich bzw. noch viel besser. Mehr dazu aber etwas später und bis dahin: ALLES WIRD GUT!

Vegas, L.A. und eine kleine Krise

Wie geplant haben wir sehr viel Asphalt unter uns, aber die Natur kommt dennoch nicht zu kurz.

Auf dem Weg nach Las Vegas verbringen wir einen Tag im Valley of Fire und auch hier staunen wir über die einzigartigen Gesteinsformationen. Die stark verwitterten Felsen ‚glühen' in allen erdenklichen Rottönen. Am Ende des Feuer-Tales wird es sogar noch bunter und es sind fast alle Farben von weiß über rosarot, orange bis hin zu violett vertreten. Auch wir glühen förmlich, denn es ist mehr als heiß in der Wüste. Das Tolle an diesen Highlights ist, dass sie einerseits allesamt spektakulär aber andererseits so völlig unterschiedlich sind. Es ist wirklich faszinierend, welch unterschiedliche Formen und Farben die Natur zutage fördert.

Unser nächster Stopp ist Las Vegas und eigentlich haben wir nur zwei Tage geplant, aber wir haben mal wieder so viel Glück mit unserem Übernachtungsplatz und es ist derart unterhaltsam, dass es dann im Endeffekt fünf Tage werden. Es geht schon mal witzig los, denn beim Hineinfahren nach Vegas verfranzen wir uns völlig und werden unbeabsichtigt selbst zu einer Sensation, als wir plötzlich mit unserem dicken Mr. Benz den Strip entlang fahren. Ich weiß nicht, wer die größeren Augen gemacht hat, wir im Benz oder die Leute mit ihren Blicken auf den Benz. Wir übernachten auf einem Kasino Parkplatz in Gehweite des Boulevards, strategisch perfekt gelegen, in der Nacht erstaunlich ruhig und natürlich gratis. Dennoch wollte ich aber eigentlich am nächsten Tag gleich wieder weiterfahren, denn das ständige Kreisen der Helikopter am Himmel, das unentwegte Jaulen der Polizeisirenen, die Massen an Menschen, die vielen Farben und Lichter sind heftig. Kurzum, der ganze Wirbel überfordert mich erst mal völlig und ist mir einfach viel zu viel. Aber der Spaßfaktor stellt sich dann doch schnell ein und der Strip wird sowohl tagsüber als auch nachts erkundschaftet. Dass alles etwas ‚größer' ist, daran haben wir uns ja bereits gewöhnt, aber die Dimensionen in Las Vegas sind nochmals eine Klasse für sich und die Illusionen, Attraktionen und Shows wirklich sehenswert. Eine der (Neben-) Attraktionen tagsüber sind auch sicherlich die unzähligen Betrunkenen auf dem Strip. Viele von ihnen werden über den Spruch ‚what happens in Vegas stays in Vegas' vermutlich richtig froh sein. Eher traurig ist hingegen der Anblick der vielen älteren Leute, die mit ihrem Tunnelblick stundenlang an den Spielautomaten sitzen. Auch die zahllosen Hochzeitskapellen mit ihrer Massenabfertigung machen einen eher unromantischen Eindruck.

Nach fünf Tagen reicht es aber mit Las Vegas. Wir sind fast übersättigt und verwerfen unseren ursprünglichen Plan, nach Palm Springs weiterzufahren. Stattdessen brechen wir in die Berge nach Big Bear Lake City auf, denn wir realisieren, dass wir so schnell nicht wieder die Möglichkeit haben werden, auf 2000 Metern Höhe Waldluft zu schnuppern.

Und die Entscheidung ist goldrichtig, denn morgens ist es zwar schon so bitterkalt, dass wir einheizen müssen, aber tagsüber genießen wir traumhaftes Herbstwetter und unternehmen ausgiebige Wanderungen.

Am Ende unserer Zeit in Amerika steht noch ein besonderes Highlight am Programm. Wir besuchen in Los Angeles einen ehemaligen Kollegen meines Mannes. Für ein paar Tage verlassen wir unseren Lkw und wohnen in einem ‚richtigen' Zimmer, können mal wieder duschen ohne an den Wasserstand im Tank zu denken und haben einen Jeep zur Verfügung, mit dem wir durch L.A. zum Rodeo Drive, Venice Beach etc. düsen.

Und hier wieder ein paar Zahlen, Daten, Fakten zu unserem zweiten Reiseland: wir sind in Amerika insgesamt etwa 6.000 km gefahren. Die Überholrate liegt immer noch bei null, heißt wir haben immer noch kein einziges Fahrzeug überholt, sind aber natürlich wieder hunderte Male überholt worden (dabei haben wir den amerikanischen Stinkefinger deutlich öfter als den kanadischen gesehen). Wir sind mit unserem vorgesehenen Reisebudget auf Plan und das trotz neuem Kühlschrank und obwohl wir es uns wieder gut gehen ließen (es gibt zwar nach wie vor keine Zigaretten und Kamillentee statt Prosecco, aber dafür standen wöchentlich herrlich saftige Steaks, Spaghetti mit Riesengarnelen und Lungenbraten vom Bio-Schweinchen auf dem Speiseplan).

Was wird uns von dem Land besonders in Erinnerung bleiben? Während Kanada ein schönes Land mit vielen menschlichen Highlights war, hatten wir in Amerika zwar auch nette Begegnungen, aber es waren eindeutig die Natur-Highlights, die uns beeindruckt haben. Yellowstone, Arches, Dead Horse Point, Valley of the Gods, Bryce Canyon und die Power Calf Creek Falls und und und ... all diese Orte werden uns unvergessen bleiben, denn sie sind allesamt einzigartig und wirklich atemberaubend. Was mich persönlich allerdings etwas irritiert hat, war die Präsenz von Waffen in manchen Bundesstaaten wie zum Beispiel in Utah. So schön es dort auch ist, aber die Tatsache, dass Hinz und Kunz offen eine Waffe tragen, ist für uns Europäer befremdlich, zumal nicht jeder von den Herrschaften freundlich, nüchtern oder wohlgelaunt zu sein schien.

Die letzten Tage in den Staaten verbringen wir in San Diego, füttern ein letztes Mal einen Laundromaten mit Viertel Dollar Münzen, legen noch ein paar Vorräte an und sind kurz vor der Einreise nach Mexiko. Es steht nun ein neues Kapitel unserer Reise an: Mittelamerika - eine andere Sprache, andere Gepflogenheiten, Speisen, Gewürze, Gerüche. Um uns einzugewöhnen, planen wir, erst mal ein paar Wochen das Strandleben auf der Baja California zu genießen und dann mit der Fähre aufs Festland überzusetzen.

Hört sich doch alles eigentlich ganz toll an, aber plötzlich finde ich die Aussicht alles andere als prickelnd. Ich verfalle in eine Krise und mich überkommt richtiggehend die Panik. Ich fürchte mich vor der neuen Sprache, die ich (noch nicht) besonders gut spreche und stelle mir unentwegt die Frage, wie wir wohl zurechtkommen werden. Zudem hat man uns doch so oft und so eindringlich gewarnt, wie gefährlich Mexiko und ganz Südamerika seien. All diese Horrorgeschichten machen sich nun in meinem Kopf breit und lassen für Freude und Zuversicht keinen Platz mehr. Ich bin wirklich verzweifelt, heule vor mich hin und bin wütend auf mich selbst, denn plötzlich traue ich mir das ganze Vorhaben nicht mehr zu. In diesem Moment will ich eigentlich nur noch zurück nach Hause, zurück in meine Komfortzone, in der ich mich auskenne und somit sicher fühle. Und dann erkenne ich das dahinterstehende Muster: ich habe (mal wieder) Angst vor dem Neuen und dem Unbekannten. Lieber einen kleinen Schritt zurückgehen als einen großen Schritt über die eigene Grenze machen. Das erscheint mir gerade viel erstrebenswerter, viel bequemer wenn auch etwas feige. Nun gut, Problem erkannt und Problem gebannt! Ich halte mir vor Augen, was ich bereits alles gestemmt habe, das mir ursprünglich Angst gemacht hat. Dass es bislang immer sehr bereichernd war und ich wirklich etwas versäumt hätte, wenn ich meiner Panik gefolgt wäre, die sich im Nachhinein ohnehin immer als unbegründet herausgestellt hat. Gott sei Dank ist mein Mann in solchen Situationen unendlich geduldig. Er lässt mich erst mal so sein, wie ich bin und macht mir Mut, es zumindest zu versuchen. Gut, dann versuchen wir es halt und glauben an mein Motto ALLES WIRD GUT!

MEXIKO

Bienvenido a Mexico

Der Start in Mexiko bzw. die Einreise sind ziemlich chaotisch. Wir stellen uns den Wecker und stehen im Morgengrauen auf, damit wir ja ganz früh an der Grenze San Diego zu Tijuana sind. Auch wenn wir einen Truck fahren, so sind wir hier völlig fehl am Platz, denn es dürfen nur kommerzielle Lastwägen über diesen Grenzübertritt. Ok, kann man nichts machen, dann halt zurück zum Start. Beim nächsten Grenzübergang schaut es gut aus, zumindest dem ersten Anschein nach, aber da irren wir uns gewaltig. Bei unserem Anblick schütteln die mexikanischen Zöllner verzweifelt ihre Köpfe und gestikulieren, wir sollen umdrehen. Wir sind nämlich an einem reinen Pkw-Übergang gelandet und somit gibt es hier keinen Scanner für Busse und Lkws. Also wieder nichts und nochmals retour. Blöderweise stehen wir allerdings bereits in dem Einreisetunnel, das heißt, wir können hier nicht einfach mal schnell umdrehen. Wir fahren also zur Seite, warten, bekommen dann irgendwann einen Begleitschutz, reisen beaufsichtigt aus Amerika aus, drehen schließlich um und reihen uns dann wieder ganz hinten in die Schlange zur Einreise in die USA ein. Ein wahres Geduldspiel, denn wir müssen das gesamte Einreiseprozedere in die USA samt Durchsuchung der Kabine, des Fahrerhauses und der Aussenklappen wieder durchmachen.

Aber das Ganze hat auch sein Gutes, denn der von uns völlig entnervte amerikanische Beamte verrät uns dann noch zumindest, zu welchem Grenzübergang wir fahren müssen. Als wir dort ankommen ist es natürlich schon fast Mittag und die Warteschlange dementsprechend lang. Das Ausstellen der Touristenkarte, die man für Mexiko braucht, geht erstaunlich schnell, aber dafür zieht sich die Einfuhrregistrierung vom Mr. Benz ewig hin. Denn der österreichische Zulassungsschein hat kein Ablaufdatum und die Mexikaner müssen aber ein solches in ihrem Formular eintragen. Nach fast zwei Stunden und vielen Diskussionen beschließt man, eine Ausnahme zu machen und uns die Einreiseerlaubnis auszustellen, sobald wir mit Mr. Benz durch den Scanner gefahren sind. Unsere Erleichterung hält aber nicht besonders lang an, denn der besagte Scanner gibt genau beim Bus vor uns seinen Geist auf und wir verbringen zwei weitere Stunden damit, drei extrem entspannten Mexikanern dabei zuzusehen, wie sie völlig planlos versuchen, den Scanner zu reparieren. Es gelingt ihnen natürlich nicht und nachdem die Schlange mit schimpfenden Bus- und Lkw Fahrern hinter uns immer länger und vor allem immer lauter wird, zaubert man die guten alten Hilfsmittel wie Drogenhund sowie Unterbodenspiegel aus dem Hut und wir werden endlich abgefertigt.

An und für sich hätten wir jetzt echt gerne eine Pause gemacht, aber an eine solche ist in Tijuana nicht zu denken. Diese Stadt ist mehr als heftig. Obdachlose schlafen in Erdlöchern neben einer sechsspurigen Straße und Drogenabhängige kreuzen wie Zombies unkontrolliert die Fahrbahn. Man sieht so wahnsinnig viel schockierendes Elend, dass man nur noch weiter fahren will und auch weiter fahren sollte, denn 100 Kilometer weiter sieht die Welt völlig anders aus.

Die ersten Tage in Mexiko verbringen wir im Hafen von Ensenada und haben es super fein in diesem Städtchen. Wir beschließen, uns hier wirklich Zeit zu nehmen, um mit Kopf und Körper in Mexiko anzukommen. Wir hören in die neue Sprache hinein, gehen Essen und probieren die neuen Geschmäcker. Zudem verschaffen wir uns einen Überblick, welches Angebot es in den Supermärkten gibt und wie es mit dem Preisniveau, dem Auffüllen von Wasser, den Waschsalons etc. ausschaut.

Und das, was wir bislang gesehen und erlebt haben, gefällt uns ausgesprochen gut. Das mexikanische Essen ist wirklich köstlich und ich rate jedem, der nach Mexiko kommt, so viele Kalorien als nur irgendwie möglich in sich hineinzufuttern, denn für unseren Geschmack war es mit Abstand die beste Küche auf der gesamten Reise. Die Mexikaner, denen wir begegnen, sind unheimlich freundlich, herzlich und gesellig. Endlich sehen wir auch wieder Menschen auf der Straße gemeinsam lachen, zusammensitzen, plaudern, essen oder einfach nur flanieren. Es ist ein buntes, quirliges Treiben und das Leben spielt sich nicht wie in Amerika nur in klimatisierten Räumen, in Autos oder im Drive Thru Modus sondern endlich wieder draußen auf der Straße ab. Das soziale Leben und das gesellige Miteinander sind sicherlich ein großer Unterschied zu Amerika. Er tut sehr gut, wir fühlen uns mehr eingebunden, denn schließlich leben wir ja auch quasi ‚auf der Straße'.

Auch meine kleine Krise ist nun definitiv überwunden. Mexiko hat nichts Angsteinflößendes und es macht jetzt schon viel Spaß. Ich zweifle nicht mehr an der Sinnhaftigkeit der Reise und ALLES WIRD GUT!

Das braucht keiner. Mal wieder ein Fehlstart

Es hat bei uns ja schon fast so etwas wie Tradition, dass der Start in ein neues Kapitel nicht ganz glatt verläuft. Da gab es vor Jahren zu Beginn unserer Probereise ins Baltikum eine abgefahrene Treppe, am Anfang der Nordamerika-Tour gab es die abgerissene Antriebswelle und Mittelamerika beginnt auch alles andere als reibungslos.

Erst mal ist alles fein, aber in der dritten Nacht in Ensenada kommt plötzlich das buchstäblich böse Erwachen, denn wir sind beide krank. Mich plagt eine fiebrige Sommergrippe und mein Mann hat einen heftigen Magen-Darm-Virus, der den Vorrat an Kohletabletten rapide schwinden lässt. Bei der Vielzahl an Apotheken doch gar kein Problem, so denken wir zunächst recht naiv. Aber weit gefehlt, denn all diese ‚Farmacias' haben ein sehr übersichtliches Sortiment: Schmerzkiller, Anabolika, Diätpillen und Viagra, Viagra und nochmals Viagra. Bienvenido a Mexico! Aber das Angebot richtet sich ja bekanntlich stets nach der Nachfrage und diese besteht in Ensenada hauptsächlich aus amerikanischen Kreuzfahrttouristen, die jeden Tag in Scharen von Bord gelassen werden.

Die zahlreichen gut gemeinten Ratschläge, viel Tequila oder Mezcal zu trinken, schlagen wir aus und bekommen die Bauch-Wehwehchen zunächst traditionell mit Moroscher Karottensuppe und Schwarztee in den Griff. Kaum ist mein ‚Chauffeur' wieder fit, fahren wir ein gutes Stück weiter in den Süden. Die Straßen auf der Baja California sind deutlich schmäler als in Kanada und Amerika, es passen gerade mal zwei Lkws nebeneinander, aber der Verkehr hält sich Gott sei Dank sehr in Grenzen. In einer einsamen Bucht können wir für kleines Geld bei einem Hotel stehen. Dort beobachten wir nicht nur spielende Delfine sondern ebenfalls, dass diese kleinen fiesen mexikanischen Darmgeister offensichtlich ganz schön hartnäckig sind und es kommt das zweite noch viel bösere Erwachen. Dieses Mal ist mein Mann grippig und mich plagt ein richtig heftiger Durchfall mit über 39 Grad Fieber.

Hallöchen Popöchen, jetzt ist aber echt Schluss mit lustig und es wird klar, gegen diese Plagegeister müssen härtere Geschütze aufgefahren werden. Wir starten einen Hilferuf per WhatsApp, der bis zum Nordkap reicht. Dort befindet sich gerade ein sehr lieber befreundeter Arzt, der uns zu einem bestimmten Antibiotikum-Wirkstoff rät. Wir messen Fieber und vereinbaren, dass derjenige, der die geringere Temperatur hat, das Medikament besorgt. Mein Mann ‚verliert' den Fieberwettbewerb, setzt sich aufs Fahrrad, radelt bei der Bullenhitze auf der unbefestigten staubigen Piste ins nächste Dorf und kauft die Wunderwaffe. Ich bin ziemlich schnell wieder auf den Beinen und mein Mann erholt sich ebenfalls. Wir ziehen Resümee, was wir aus dieser Geschichte gelernt haben: Erstens, unser Freund Josef ist der Beste! Zweitens, mein Mann ist ebenfalls der Beste (ich weiß, normalerweise gibt es nur einen Besten, aber das gilt nicht wenn man auf Reisen und zudem krank ist). Und drittens, mit Tequila und Mezcal wäre dies vermutlich nicht passiert!

Egal, auch so etwas geht vorbei. Zudem hatte es bislang ja auch immer Tradition, dass nach dem erschwerten Start alles weitere dann wunderbar glatt verläuft und so ist es auch dieses Mal. Kaum wechseln wir die Seite, heißt vom Pazifik hin zum Golf von Kalifornien, finden wir uns im wahren Paradies wieder. Weiße einsame Sandstrände, türkisblaues Meer, kristallklares warmes Wasser, zudem sind sowohl Kühlschrank als auch Wassertank randvoll. Wir finden einen traumhaften Platz etwas außerhalb von Todos Santos und bleiben fast eine Woche. Den Strand haben wir nahezu für uns alleine, denn bis auf paar Beachboys, die morgens zum Surfen kommen, ist kein Mensch hier. Wir gehen stundenlang am Strand spazieren, genießen die Einsamkeit und Herr Hund lernt auch relativ schnell, dass das salzige Meerwasser nicht besonders gut schmeckt.

Es ist einfach ein Traum, aber schon der Weg zu diesem Paradies war wunderschön, denn man durchquert eine völlig unerwartete bergige Landschaft mit gigantisch großen Kakteen. Sie sind wirklich riesengroß und es ist schon witzig, wenn man neben so einem Kaktus steht und dieser um ein oder zwei Meter höher ist als Mr. Benz. Aber apropos ‚unerwartet‘: unerwartet problemlos und geradezu freundlich gestalten sich auch die zahlreichen Militärkontrollen sowie der Kontakt zur Polizei. Der Ruf der mexikanischen Polizei, sie sei ungut und extrem korrupt, kommt sicherlich nicht von ungefähr. Es gibt hierzu unzählig viele negative Geschichten, aber wir machen ganz gegenteilige Erfahrungen. Die Polizisten plaudern freundlich mit uns und winken uns beim Vorbeifahren zu. Sie sind zudem sehr hilfsbereit. So weist uns beispielsweise eine Polizeistreife in dem wirklich entzückenden, aber sehr beengten, Städtchen Santa Rosalia mitten auf dem Dorfplatz einen für Touristenbusse reservierten Parkplatz als Übernachtungsplatz zu (und zwar ohne Geld dafür zu wollen) und dieselben Jungs kommen am nächsten Morgen sogar nochmals vorbei, um uns zu fragen, ob wir eine angenehme Nacht gehabt hätten.

Im Gegensatz zu den ganzen Erzählungen werden wir bei den zahlreichen Militärkontrollen weder gefilzt noch durchsucht. Wir müssen nicht mal aussteigen oder unsere Papiere herzeigen. Woran das liegt, ist schwer zu sagen, ich kann hier nur mutmaßen: zum einen liegt es vermutlich an unserem Sympathiemagneten Mr. Benz, zum anderen weil wir grundsätzlich erst mal auf Spanisch grüßen, zu guter Letzt sicherlich auch daran, dass wir keine amerikanischen Kennzeichen haben. Bekanntermaßen stehen die ‚Gringos‘ bei den Mexikanern nicht gerade an oberster Stelle der Sympathieliste und wenn man sich länger in Mexiko aufhält, dann kann man auch durchaus verstehen warum.

Wir werden oftmals gefragt, wie es um die Sicherheit in Mexiko stünde. Diese Frage ist berechtigt, denn auch wir kennen die zahlreichen Geschichten, die über Raub und Überfälle von Reisenden kursieren. Aber die Frage ist schwer zu beantworten, weil ‚sicher‘ oder ‚gefährlich‘ sehr subjektive Einschätzungen sind. Ich kann nur von unseren Erfahrungen berichten und hierbei geht es mir nicht darum, etwas zu beschönigen oder herunterzuspielen. Natürlich muss man aufpassen und den gesunden Menschenverstand permanent einschalten, aber das gilt nicht nur für Mexiko sondern bekanntlich überall. Wir halten uns (in allen Ländern) auch an ein paar eiserne Regeln, die die Sicherheit erhöhen bzw. die Gefahr minimieren. So fahren wir beispielsweise niemals in der Nacht, weil die Straßen oftmals schlecht beleuchtet sind und man Gefahr läuft, Menschen, Tiere oder tiefe Schlaglöcher zu übersehen. Wir meiden auch Großstädte, weil die Kriminalitätsrate dort einfach höher ist als in ländlichen Gebieten. Wir fragen nach Möglichkeit auch immer die Polizei oder Einheimische, ob es in Ordnung sei, auf diesem Platz zu übernachten. Zum einen natürlich schon mal aus Höflichkeit, denn wir sind Gast. Zum anderen aber auch um zu erfragen, ob sie den Platz als sicher einschätzen.

Bislang sind wir mit dieser Strategie im buchstäblichen Sinn sehr gut und sicher gefahren. Wir haben uns wirklich noch keine einzige Sekunde ungut oder unwohl gefühlt. Ganz im Gegenteil, unser Hab und Gut hat sich in Mexiko sogar vermehrt, denn irgendjemand hat unsere Stufe mit Dollarnoten ‚geschmückt'. Wirklich wahr, auf jeder Stufe lag ein Dollar. Ein Grund mehr, an mein Motto zu glauben ALLES WIRD GUT!

180 Tage on tour. Eine kleine Bilanz

Wir sind inzwischen ein halbes Jahr auf Reisen, ganze sechs Monate, 24 Wochen oder 180 Tage. Klingt lang, aber es fühlt sich überhaupt nicht so an. Erst wenn ich mir ganz bewusst vor Augen halte, was wir zwischenzeitlich alles gesehen, erlebt und auf den vielen Kilometern buchstäblich ‚erfahren' haben, dann wird mir bewusst, dass wir tatsächlich schon so lange unterwegs sind.

Wir stehen mal wieder an einem wunderschönen einsamen Strand. Es ist fast ein wenig unwirklich, denn während daheim die Punschstände geöffnet haben und der Weihnachtstrubel im vollen Gang ist, machen wir hier lange Strandspaziergänge und lachen uns über Lucky krumm, weil er seit Tagen verzweifelt versucht, Krabben zu erwischen. Manchmal haben wir fast ein bissi Angst, dass uns jemand aufweckt und sagt, das Ganze sei nur ein Traum. An solchen Strandtagen hat man viel Zeit, man muss nicht einkaufen, Wasser auffüllen oder einen Stellplatz suchen und so komme ich zum Nachdenken, was die Reise mit einem macht und welches Resümee ich nach dem halben Jahr ziehe.

Zum einen sind wir wirklich glücklich mit unserer Entscheidung und unserem Leben. Zum anderen sind wir aber auch extrem dankbar. Dankbar all denen, die uns bei unserer Reise unterstützen. Sei es gedanklich, weil sie jeden Tag an uns denken, uns quasi begleiten und uns dabei das Beste wünschen oder sei es tatkräftig, weil sie sich um unsere Wohnung kümmern, nach der Post sehen etc. Kurzum unserer Familie und unseren Freunden gilt ein ganz großes Dankeschön. Zudem sind wir auch absolut glücklich mit unserem Lkw. Es gibt so viele unterschiedliche Möglichkeiten und so viele unterschiedliche Fortbewegungsmittel, um den Kontinent zu bereisen, aber wir stellen fest, dass wir für unsere Bedürfnisse das für uns perfekte Fahrzeug gewählt haben. Denn Mr. Benz ist einerseits groß genug, um uns einen gewissen Komfort und auch Schutz zu bieten, aber er ist andererseits kompakt genug, um uns über schmale Straßen und um enge Kurven zu bringen. Außerdem realisieren wir jetzt erst so richtig, dass unsere

Vorbereitungen sinnvoll waren und dass wir wirklich gut ausgestattet sind. Wir haben Dank lieber Freunde eine tolle Reiseapotheke, ein gutes Lager an Ersatzteilen, die richtigen Klamotten und das passende Schuhwerk (ok, ich gebe es zu, ICH habe vielleicht von beidem ein klitzekleines Bisschen zu viel mit), das richtige Kochgeschirr etc. dabei. Im Vorfeld kann man all dies ja nur schwer beurteilen, man merkt dies erst unterwegs, aber uns geht im Grunde nichts ab.

Apropos ‚abgehen': wir dachten zunächst, uns werde auf Reisen wahnsinnig viel abgehen. Wie sieht es damit aus? Ja, es ist schon ein running Gag, es ist tatsächlich nach wie vor der Käse, aber abgesehen davon ist es eher so, dass wir nach dem halben Jahr viele Dinge nun mehr wertschätzen als dass wir etwas vermissen. Trinkwasser ist hierfür ein gutes Beispiel: daheim ist Wasser völlig selbstverständlich und in unbegrenzten Mengen verfügbar, aber unterwegs ist Wasser für uns die kritischste Größe. Seit wir in Mexiko sind, haben wir den Wasserstand im Tank noch viel mehr im Auge, denn hier ist es wesentlich komplizierter, an wertvolle 400 Liter Trinkwasser zu kommen. Zum Vergleich und zum Thema ‚Wertschätzung': wir konsumieren Wasser sehr bewusst und sehr sparsam und verbrauchen zu zweit (!) am Tag insgesamt etwa 35 Liter zum Trinken, Kochen, Abspülen und Duschen. Daheim verbraucht ein ‚0815-Piesler' täglich ca. 35 Liter Trinkwasser allein nur für die Toilettenspülung und wenn dieser durchschnittliche Piesler auch noch so viel Tee trinkt wie ich, na dann Grüß Gott Herr Kompott. Der arme Teufel käme mit unserem Wassertank nicht besonders weit oder er müsste ungeduscht ins Bett gehen. Auch andere Ressourcen wie etwa Strom bekommen einen ganz anderen Stellenwert, wenn sie nicht selbstverständlich und unbegrenzt verfügbar sind. Ich überlege sehr wohl, wie lange ich Haare föhne und das Licht lässt man auch nicht unnötig brennen. All das hört sich aber einengender an als es tatsächlich ist. Man gewöhnt sich sehr schnell daran und wir empfinden es überhaupt nicht als belastend. Ganz im Gegenteil, wir haben eher das Gefühl, es tut uns gut, wieder einen bewussten Umgang mit den Ressourcen zu leben.

Zum Thema ‚einengend': wir hatten vor der Reise ehrlich gesagt auch etwas die Befürchtung, dass wir auf dem engen Raum mit der

Zeit einen Lagerkoller bekommen würden. Aber obwohl wir wirklich viel Zeit im Inneren des Fahrzeuges verbringen, ist dem ganz und gar nicht so. Erstens fühlen wir uns im Mr. Benz nicht eingesperrt. Das liegt vermutlich auch an der leicht spiegelnden Lackierung des Inneren, die den Raum optisch wesentlich größer erscheinen lässt als er tatsächlich ist. Zweitens funktioniert es bei uns wirklich gut, dass wir uns zwar gemeinsam in der Kabine aufhalten, aber dass jeder getrennt für sich sein Ding macht und man sich somit quasi ‚aus dem Weg geht'. Der eine liegt beispielsweise auf dem Bett und liest, der andere sitzt am Tisch und beschäftigt sich mit etwas anderem. Schwer zu glauben, aber es klappt wirklich, man lebt gemeinsam auf 9 m2 wie in zwei getrennten Räumen.

Es ist überhaupt interessant zu beobachten, was diese Reise so mit einem macht und was alles plötzlich möglich oder sogar normal wird. Anfangs war es beispielsweise vor allem für mich sehr nervenaufreibend, in der Früh nicht zu wissen, wo ich die nächste Nacht verbringen werde. In der Zwischenzeit ist dies überhaupt kein Thema mehr, denn ich weiß ja, wo ich schlafe, nämlich in meinem Bettchen im Mr. Benz. Die einzige Frage ist nur, wo er parkt. Und er parkt mal schöner und mal weniger schön. Mal ist es idyllisch ruhig und es zirpen die Grillen. Manchmal ist es leider ziemlich laut, weil unentwegt Autos und Motorräder vorbeifahren oder weil Jugendliche mitten in der Nacht Party machen. So etwas wie eine Lärmisolierung haben wir ja nicht, aber nach den sechs Monaten sind wir auch viel entspannter im Hinblick auf die nächtlichen Geräuschkulissen. Man gewöhnt sich offensichtlich daran und wir müssen in der Früh oft selbst lachen, wie tief und fest wir geschlafen haben und das an einem Ort, an dem wir früher sicherlich kein Auge zugemacht hätten.

Es ist spannend, wie man sich verändert. Denn einerseits wird unterwegs vieles, das bislang unbekannt war und (vor allem mir) Angst gemacht hat, absolut vertraut und normal. Vieles, das vorher fremd war, wird plötzlich völlig alltäglich wie beispielsweise ständig wo anders zu sein oder der Alltag auf der Straße. Andererseits wird bislang Vertrautes etwas fremd, denn mit manchen Themen können wir nicht mehr viel anfangen. Die Reise schafft Abstand, natürlich auch räumlich aber vor allem im Kopf. Man führt unterwegs ein völlig anderes Leben, ‚Probleme' mit dem Chef oder der Fokus auf Materielles fallen flach und verlieren an Relevanz. Stattdessen wird so offensichtlich, wie wenig man eigentlich zum Leben braucht und dass ganz Anderes erfüllend ist und glücklich macht. Wir haben noch etwa anderthalb Jahre vor uns, aber ich frage mich jetzt schon, wie es sein mag, wenn wir zurückkommen, wie es uns ergehen wird, wenn wir wieder in das alte System eintauchen. Aber das wird sich zeigen und ich denke mir ALLES WIRD GUT!

Von der Baja California zum Festland

Wir verbringen ganze sechs Wochen auf der Baja California. Es ist wirklich wunderschön, aber irgendwann ist es dann genug mit weißen Sandstränden und Urlaubsfeeling. So fein die Baja auch ist, aber sie ist eher die ‚Weichspüler-Variante' von Mexiko weil doch sehr amerikanisch.

Das liegt vor allem an den sogenannten ‚Snowbirds', die auf der Baja gerade Hauptsaison haben. ‚Snowbirds' sind Amerikaner, die mit Sack und Pack, ihren Pickups samt riesigen Trailern, Quads, Hund und Katz zum Überwintern auf die Baja kommen. Sie sind eine ganz eigene Spezies, denn sie kommen hauptsächlich wegen den deutlich niedrigeren Preisen und den deutlich höheren Temperaturen hierher. Die Mexikaner haben ein etwas gespaltenes Verhältnis zu ihnen, denn sie brauchen die Gringos einerseits als Einnahmequelle, andererseits ist ihnen alles Amerikanische bekanntermaßen nicht wirklich sympathisch. Wir haben festgestellt, dass es für uns sehr hilfreich ist klarzumachen, dass wir weder Gringos noch ‚Snowbirds' sind. Die Mexikaner begegnen uns sofort wesentlich offener und alles ist gut. Wir selbst sind nicht besonders vielen ‚Snowbirds' begegnet, denn man findet sie nicht an den wilden Baja Stränden, die wir so genossen haben. Nein, sie leben fast ausschließlich am Campingplatz, denn die ‚Snowbirds' brauchen Strom zum Überleben, für ihre Klimaanlage und die Eiswürfelmaschine im Trailer.

Aber wir sind die Temperaturen ja bereits von Utah gewohnt und beißen uns ohne Klimaanlage durch. Apropos ‚beißen', dazu gibt es eine kleine Anekdote und zwar wie ein elektrisches Maniküre Set einen Zahnarztbesuch ersetzt hat. Von Anfang an: bei der letzten Kontrolle in Wien meinte mein Zahnarzt, es sei alles ok, nur der wurzelbehandelte Backenzahn gehöre ‚bei Gelegenheit' gezogen und ‚wenn's halt mal passt' durch ein Implantat ersetzt. Natürlich hat es aber ‚nie gepasst', weil Zähne ziehen zu lassen einfach nicht zu meinen Lieblingsbeschäftigungen zählt. Meine Feigheit war aber zunächst kein Problem und es ging alles eine Zeitlang gut. Nur bei dieser blöden, aber äußerst leckeren, Popcorn Packung war dann Schluss. In meiner Gier habe ich mir nämlich eine ganze Hand voll Popcorn einverleibt ohne zu schauen, ob sich eventuell ein ganzes Korn dazwischen befindet. Das Harte in meinem Mund war leider nicht nur ein Maiskorn sondern auch die abgebrochene Hälfte des ‚Gelegenheitspatienten'. Ist an einem einsamen Strand auf der Baja nicht ganz so optimal, aber es tat zumindest nicht weh. Nur ist die verbleibende Ruine derart scharf und spitz, dass sie permanent die Zunge verletzt. Gott sei Dank wird mein Mann in solchen Situationen immer herrlich kreativ. Er packt kurzerhand sein elektrisches Maniküre Set aus, montiert den entsprechenden Polieraufsatz, stellt den Handspiegel auf und schon kann ich mich als Zahnarzt betätigen. Nach paar Minuten sind die Spitzen abgetragen und die scharfe Kante schön glatt poliert. Wieder etwas gelernt, man sollte bestimmte ‚Gelegenheiten' einfach besser nutzen, auch beim Zahnarzt.

Wir brechen also unsere Zelte nach sechs Wochen ab und das Übersetzen von der Baja auf das Festland ist völlig unproblematisch. Wir entscheiden uns ganz bewusst gegen die bequemere Touristenfähre, da Lucky (der ja leider ein großer Angsthase ist) die Überfahrt von uns getrennt und in einem Käfig hätte verbringen müssen. Stattdessen wählen wir die eher rustikale Cargo / LKW Fähre. Das ganze Prozedere bis man an ein Ticket und auf die Fähre kommt, ist zwar nicht ohne, aber uns begegnet wieder ganz viel Hilfsbereitschaft und unsere Bitte, auf dem Oberdeck zu stehen und die Nacht mit Herrn Hund im Lkw verbringen zu dürfen, ist auch überhaupt kein Problem. Wir stellen uns bei der Fähre an und warten. Zuerst werden die Cargo Container verladen und wir fragen uns beim Zusehen, wie man auf dem Oberdeck eigentlich umdreht, weil es da oben ziemlich beengt aussieht. Dann sind die großen Lkws an der Reihe und mit ihnen hat auch das Rätselraten ein Ende. Da ist nichts mit umdrehen, nein stattdessen geht es rückwärts über die Bugklappe auf die Fähre und zudem auch noch popschwärts die Rampe hinauf auf das Oberdeck. Wer schon mal ein Fahrzeug auf einer Fähre geparkt hat, der weiß, wie verdammt eng es zugeht. Derjenige wird auch verstehen, dass ich alleine bei dem ‚rückwärts-Gedanken' einen mächtigen Schweißausbruch bekomme. Ich bin also mal wieder panisch, doch was macht mein Mann als wir dran sind? Er legt den Rückwärtsgang ein und fährt Mr. Benz (ohne Rückfahrkamera wohlgemerkt!) seelenruhig auf das Oberdeck, als hätte er sein Leben lang nichts anderes getan. Wie genau er das gemacht hat, kann ich nicht sagen, denn ich hab vorsichtshalber mal die Augen zugemacht und mich am Hund festgehalten. Da wir als letzte auf die Fähre gelassen werden, ist unser Platz aber blöderweise genau neben dem Schiffsmotor und das heißt, es ist die gesamte Überfahrt und die ganze Nacht lang so richtig laut im Benz. Ich kann ja immer und überall und selbst neben so einem Schiffsmotor schlafen, aber mein Mann macht leider so gut wie kein Auge zu. Tja, manches muss man einfach mit offenen Augen durchtauchen und ALLES WIRD GUT!

Wir lieben Mexiko

Auf dem Festland angekommen genießen wir erst mal mehrere Tage in Santa Maria del Oro an einem Vulkankratersee. Dieser kleine Ort hat etwas Besonderes, denn durch die Höhe und die Bergkulisse erinnert uns der See fast an einen Bergsee daheim, aber zugleich ist man mitten in einem dichten Dschungel aus Kaffeepflanzen, Bananenpalmen und riesigen Bäumen. Wir drehen täglich eine große Runde um den See, lesen viel und Herr Hund ist mehr im Wasser als an Land.

Das nächste Highlight ist Tequila. Nein, nicht der Schnaps sondern die gleichnamige Stadt. Wir haben mal wieder sehr viel Glück, denn wir finden mitten im Zentrum bei einer ‚Lavanderia' einen Übernachtungsplatz und können das Wäschewaschen mit einem Bummel durch die Stadt verbinden. Die Altstadt ist mit ihren vielen Brennereien, herrschaftlichen Kolonialhäusern und engen Gassen an sich schon sehr schön, aber jetzt in der Vorweihnachtszeit funkelt sie geradezu durch all ihre kunterbunten Dekorationen und aufgestellten Krippen.

Von Tequila aus fahren wir weiter zu unserer ersten Pyramide nach Plazuelas, einer Ausgrabungsstädte, die erst 1998 entdeckt wurde. Dort bekommen wir nicht nur einen Vorgeschmack auf die großen Anlagen, sondern machen auch Bekanntschaft mit dem super engen Gasslwerk mexikanischer Dörfer, die durch die tiefhängenden Kabel samt Weihnachtsdekoration für meinen Mann zur richtigen Challenge werden.

Der nächste Stopp ist Guanajuanto. Viele sagen, Guanajuanto sei die schönste oder zumindest eine der schönsten Städte in Mexiko und sie ist in vielerlei Hinsicht tatsächlich ein Traum: von weitem betrachtet schlängelt sich die Stadt mit all ihren bunten Häuserfassaden einen riesigen Hang hinauf, unter sich hat sie ein riesiges Netzwerk aus unzähligen Tunnels, die den Großteil des Stadtverkehrs verschlucken. Trotzdem herrscht unheimlich viel Verkehr in dem labyrinthartigen Wirrwarr aus kleinen Gassen. Und in diesen Gassen findet ein sehr reges Treiben statt. Überall wird gebrutzelt, aus den vielen Garküchen und Bäckereien duftet es absolut vorzüglich und zwischen all den Köstlichkeiten bieten kleine Geschäfte ihr Kunsthandwerk an. Alles ist so kunterbunt, lebendig und wirkt auf den ersten Blick ein bisschen chaotisch. Der Eindruck täuscht allerdings, denn es hat alles ein System und seine Ordnung. Für uns ist es nur ungewohnt, dass sich neben dem Gemüsehändler ein Bestattungsinstitut befindet, das unzählige Särge in allen erdenklichen Farbvariationen auf der Straße ausstellt.

Unser nächster Halt, die Stadt San Miguel de Allende, ist ähnlich bunt, sie beeindruckt uns aber weniger als Guanajuanto und hat weit weniger Flair.

Das Farbenfrohe zieht sich überhaupt ‚wie ein bunter Faden' durch Mexiko. Die Städte, die Menschen, ja selbst die Friedhöfe sind wie ein Meer aus Farbkleksen. Vielleicht färbt das Bunte im wahrsten Sinn des Wortes auch auf das Gemüt ab, denn die Menschen sind fröhlich, freundlich und sehr entspannt. Ja ich weiß, man soll nicht verallgemeinern, aber wir fühlen uns in Mexiko derart wohl, dass ich die Mexikaner jetzt einfach mal über den positiven Kamm schere. Es macht uns so viel Freude, durch die vielen Dörfer zu fahren, die Menschen lachen uns und Mr. Benz an, sie winken uns zu und wenn wir zum Einkaufen oder zum Essen anhalten, dann begegnet uns sehr viel Lebensfreude und Herzlichkeit. Das Einzige, was uns wirklich nervt, sind die vielen ‚Topes'. Das sind fiese Bodenwellen, mit denen man (bis auf die teuren Mautstraßen) immer und überall rechnen muss. Zudem sind sie oftmals nicht markiert und es ist wirklich nicht lustig, wenn man 9,5 Tonnen aus dem Nichts heraus auf fast 0 km/h abbremsen muss. Und nur damit wir uns nicht missverstehen, ich spreche nicht von 'ein paar' vereinzelten Topes. Wir zählen an einem einzigen Tag auf einer Strecke von 152 Kilometern sage und fluche 214 nervtötende Topes. Wenn man nun bedenkt, über wie viele Topes sich ein Mexikaner in seinem Leben quälen muss, dann ist es umso bewundernswerter, wie gelassen und entspannt die Mexikaner Auto fahren.

Apropos 'entspannt': dieses Wort beschreibt unser erstes Weihnachtsfest auf Reisen perfekt. Entgegen meiner ursprünglichen

Befürchtung stehen wir nicht an einer Pemex Tankstelle sondern wunderschön an den Grotten von Tolantongo und verbringen den Heiligen Abend mit einem deutschen Overlander Ehepaar und einem Schweizer. Am Nachmittag gibt es zur Einstimmung eine köstliche Vorspeise und am frühen Abend setzen wir mit einer herrlichen Grillerei fort. Mit dem obligatorischen Weihnachts-Wamperl haben wir es unter dem freien Sternenhimmel sehr lustig bis es uns am späteren Abend dann doch etwas zu kalt wird und alle in ihren Fahrzeugen verschwinden.

Die Zeit zwischen den Feiertagen verbringen wir in Tepotzotlan und nutzen sie für ein großes Mr. Benz Service. Das heißt, die Reifen werden rotiert, das Öl gewechselt und Mr. Benz wird ordentlich von Staub und Meersalz befreit. Serviciert und glänzend geht es weiter in Richtung Teotihuacan und Richtung Silvester. Das Neue Jahr kann kommen und ALLES WIRD GUT!

Jahreswechsel, Tapetenwechsel und Kontinentenwechsel

Wir erleben zwei absolute Kulturschmankerl: Zuerst Teotihuacan, eine der bedeutendsten prähistorischen Ruinenstädte, die vor allem für ihre Sonnenpyramide bekannt ist. Mein Mann hat unheimlich viel Glück, er ist sehr früh morgens bei der Anlage, es ist noch nicht viel los und er hat die Pyramide fast für sich alleine. Als ich allerdings am Nachmittag hinkomme, ist die Warteschlange vor dem Eingang ewig lang. Nein, so macht das keinen Spaß und ich beschließe, umzukehren. Allerdings verfranze ich mich völlig (ich muss zugeben, als der liebe Gott den Orientierungssinn verteilt hat, war ich entweder rauchen oder Prosecco trinken) und finde nicht mehr zurück zum Campingplatz. In meiner Verzweiflung frage ich einen Herrn, der alleine an einem Tisch vor einer Bar sitzt, nach dem Weg. Offensichtlich bin ich in die entgegengesetzte Richtung gelaufen und befinde mich einige Kilometer entfernt vom Camp. Wir kommen ins Plaudern und er fragt mich, ob ich mich nicht auf ein Bier zu ihm gesellen möchte. Es stellt sich heraus, dass Carlos Bestattungsunternehmer ist und er erzählt mir sehr viel über die Tradition der Dias de los Muertes und über die sehr positive Einstellung der Mexikaner zum Tod. Meiner Ansicht nach sagt das Verhältnis einer Kultur zum Tod viel über deren Einstellung zum Leben aus. Und der Tod ist in Mexiko kein angsteinflößender Feind sondern schlichtweg ein Teil des Lebens. Nun verstehe ich endlich, weshalb man die Dias de los Muertes so ausgelassen feiert und weshalb die Friedhöfe und Särge so kunterbunt sind. Zugegeben, ich habe die Pyramiden von Teotihuacan zwar nicht gesehen, aber ich bin in keinster Weise enttäuscht, denn ich hatte einen unheimlich tollen Nachmittag und habe viel erfahren.

Das zweite Kulturschmankerl ist El Tajin, eine ebenfalls wunderschöne Ruinenstadt mit mehreren großen pyramidenförmigen Stufentempeln mitten im Dschungel. Hier haben wir sehr viel Glück, denn wir campieren direkt am Eingang und sind in der Früh bei wunderbarem Morgenlicht ganz allein in der Anlage. Es ist der Tag vor dem Jahreswechsel und von hier aus ist es nicht mehr weit zur Küste. Silvester am Strand steht somit nichts im Weg, das denken wir zumindest. Aber erstens kommt es anders und zweitens als man denkt.

Denn mitten auf der Autobahn beschert uns Mr. Benz einen kräftigen Adrenalinstoß. Zunächst hören wir wie immer das gewohnte Schnurren des Motors, dann ein Blub Bblluubb Bbbluuubbb, dann nichts mehr, Mr. Benz ist mausetot. Klar, das ist erst mal nicht ganz so lustig, aber wir haben wieder ganz viel - nämlich dreifaches – Glück. Zum einen gibt es an dieser Stelle der Autobahn einen Pannenstreifen, was in Mexiko eher eine Ausnahme ist. Zum anderen ist Benny, der Vorbesitzer von Mr. Benz, erreichbar. Unser Problem ist schnell identifiziert: beim Wechsel des SEPA Filters haben die Jungs einen Hebel von der Treibstoffzufuhr in der falschen Position belassen. Wir sind somit mit dem Tank für die Heizung gefahren und dieser fasst nur 30 Liter. Deshalb war er recht schnell leergefahren. An und für sich keine große Sache, nur gehört in dieser Situation die Dieselleitung entlüftet. Um an das Entlüftungsventil zu kommen, muss man allerdings das Fahrerhaus kippen. Das wäre an und für sich gar kein Problem, aber so mitten auf der Autobahn ist es nicht unbedingt eine Spaßveranstaltung. Alternativ zum Kippen kann man auch versuchen, seitlich am Motor zu einer klitzekleinen Dieselpumpe zu kommen, mit der man ebenfalls entlüften kann. Nur sitzt diese Pumpe so was von blöd, dass mein Mann einfach nicht hinkommt. Als Glücksquäntchen Nummer drei stellt sich heraus, dass ich trotz all dem herrlichen mexikanischen Futter (noch) genau zwischen Reifen und Motor passe. Ich quetsche mich also in den Zwischenraum und nach etwa 100 Pumpstößen ist die Luft draußen (aus der Leitung und aus mir). Wir fahren schließlich weiter Richtung Silvester und Playa Esmeralda - Mr. Benz schnurrend wie immer, mein Mann sichtlich erleichtert und ich von oben bis unten voller Dreck.

Die Küste am Golf von Mexiko und die Gegend um Playa Esmeralda sind eher enttäuschend. Der Sand ist dunkel und der Strand relativ schmal. Absolut kein Vergleich zur Baja California und zudem leider auch ziemlich verschmutzt. Die Campingplätze gefallen uns überhaupt nicht und schlussendlich entschließen wir uns, über

Silvester in einem hübschen Hotelresort zu campen. Gegen unsere Erwartung feiern die Mexikaner den Jahreswechsel nicht besonders ausgelassen, es wird auch nicht wahnsinnig viel geböllert, aber immerhin genug, dass Herr Hund total verängstigt und panisch ist. So verbringe ich die restliche Silvesternacht auf einem Notbett neben ihm am Boden. Nicht unbedingt besonders bequem aber zumindest effizient.

Am Neujahrstag gibt es statt dem gewohnten Kater einen erneuten Adrenalinkick. Unter dem Fahrerhaus entdecken wir eine beachtliche Pfütze. Irgendwas tropft offensichtlich aus unserem Fahrzeug und wir haben die Wasserpumpe im Verdacht. Kein prickelnder Start ins Neue Jahr, ein Kater wäre mir in diesem Moment ehrlich gesagt lieber gewesen. Früher wäre ich sofort in Panik verfallen, aber zwischenzeitlich gehen wir mit solchen Situationen wesentlich ruhiger und entspannter um. Wir können hier jetzt eh nichts machen und trösten uns damit, dass es nicht mehr weit nach Veracruz ist. Zudem fliegen wir bald nach Hause und können somit Ersatzteile besorgen. Wir atmen also tief durch und fahren weiter.

Die Gegend um Veracruz hat nichts Besonderes außer besonders hohe Preise. Noch nirgends haben wir so viel fürs Campen, Wäschewaschen oder Trinkwasser gezahlt. Auch Essen gehen macht nicht wirklich Spaß. Wir müssen in Veracruz allerdings fast sechs Wochen verbringen und beschließen daher, uns einen modernen Bungalow samt Garten anzumieten, da es preislich keinen Unterschied zum Campingplatz macht. Bis zur Verschiffung nach Kolumbien steht Mr. Benz also vor der Tür und wir fliegen abwechselnd für jeweils zwei Wochen in den Winter nach Hause.

Es gibt somit eine kleine Auszeit vom Leben auf der Straße, aber nach dem Heimaturlaub wird es wieder arbeitsreich, denn Verschiffung, Flüge, Hotels, Leihwagen, Amtstierarzt, Versicherungen, Visa etc. gehören organisiert. Es steht also so einiges an, aber ALLES WIRD GUT!

Erst Heimaturlaub und dann auf nach Südamerika

Im Nachhinein war die Idee mit dem Häuschen in Veracruz eine sehr gute Entscheidung, denn wir fühlen uns alle drei sehr wohl. Zudem genießen wir sehr die Vorteile eines großen Kühlschrankes, einer Waschmaschine, das Leben auf zwei Stockwerken und die ausgiebigen Strandspaziergänge. Auch Mr. Benz ist gut versorgt, denn die Anlage wird streng bewacht und so steht er sicher vor dem Haus geparkt. Das Leben in der mexikanischen Siedlung ist unerwartet ruhig und unsere Kurzzeitnachbarn unheimlich herzlich und hilfsbereit. Bis auf einen blutigen Kampf, den sich Lucky mit dem Chef-Rüden der Anlage liefert und bei dem er mehrere tiefe Bisswunden und Narben als Souvenir davonträgt, gibt es keine größeren Aufregungen (naja, abgesehen vielleicht von dem schwarzen Skorpion unter der Couch und den vielen beachtlich großen Spinnen im Haus).

Mitte Januar machen wir dann Heimaturlaub, natürlich getrennt voneinander, da wir Herrn Hund die Fliegerei nicht zumuten wollten. Zunächst fliege ich für zwei Wochen nach Hause und einige Tage nach meiner Rückkehr begibt sich mein Mann auf die Reise. Es ist wirklich sehr schön, die Familie sowie unsere Freunde wieder sehen und umarmen zu können, aber es ist auch richtig anstrengend. Eine 30 Stunden Reise zieht sich ganz schön hin, der Jetlag hat uns daheim fest im Griff und es schlaucht uns ziemlich, so viele Termine zu absolvieren, denn das sind wir einfach nicht mehr gewohnt. Ungewohnt ist es auch, statt Flipflop und kurzer Hose plötzlich die Winterstiefel und die Winterjacke am Körper zu haben. Natürlich muss sofort das eine oder andere Leberkässemmerl in den Bauch. Frische Salzstangerl, würziger Käse und Essiggurkerl stehen ebenfalls ganz hoch im Kurs. So fein es auch in den eigenen vier Wänden war, im Nachhinein würden wir diese Auszeit in Wien aber nicht mehr machen, denn zwei Wochen sind einfach zu kurz. Man kommt zuhause nicht mal richtig an und schon ist man wieder auf dem Weg zum Flughafen. Wir haben unterwegs einige Langzeitreisende getroffen, die jedes Jahr drei bis sechs Monate in die Heimat fliegen. Das erscheint uns wesentlich sinnvoller, auch wenn ein solcher Rhythmus nicht nach unserem Geschmack wäre. Würden wir die Reise nochmals planen, so würden wir ohne Unterbrechung durchfahren.

Die Rückreise nach Veracruz zieht sich auch wieder ewig hin, aber wir können zumindest alle Ersatzteile problemlos nach Mexiko einführen. Die neue Wasserpumpe winkt der Zoll unkommentiert durch. Die Lkw-Scheibenwischer werden allerdings mehrfach durch den X-Ray geschleust. Die Security hat dabei recht verdutzt auf den Bildschirm geschaut und mich gefragt, was das denn sei. Aber nachdem ich ihnen Fotos vom Mr. Benz zeige, lassen sie mich lachend passieren.

Das Einbauen der Wasserpumpe ist in Veracruz auch wider Erwarten kein großes Drama. Es dauert zwar einen ganzen (extrem heißen) Tag und mein Mann schraubt vorsichtshalber mit, da der Mechaniker noch nie an einem Mercedes gearbeitet hat. Aber der Mexikaner ist irrsinnig bemüht. Am Schluss müssen wir ihn sogar regelrecht zum wohlverdienten Trinkgeld zwingen und das, obwohl er für uns einige Überstunden macht.

Unsere letzten Wochen in Mexiko drehen sich nur noch ums Organisatorische rund um den Lkw und den Hund. Die Verschiffung von Mr. Benz ist weniger aufwendig als gedacht, denn unser Agent erledigt den ganzen Papierkram mit dem Zoll und der Frachtgesellschaft für uns. Insgesamt vier Termine sind zu absolvieren und danach können wir Mr. Benz am Hafen abgeben. Mein Mann muss zum Schluss noch eine Inspektion beim Zoll machen, das Fahrzeug wird von einem Beamten gründlich durchsucht und von einem Hund noch gründlicher ‚durchschnüffelt'. Aber es gibt nichts zu beanstanden und uns wird nichts weggenommen, denn meine Sorge gilt vor allem den vielen Kilos von meinem ‚heiligen' österreichischen Vollkornmehl, das ich zum Brotbacken brauche.

Ein ‚klitzekleines' bisschen komplizierter gestaltet sich hingegen die Organisation rund um die Ausreise von Herrn Hund. Es beginnt recht harmlos mit einem Besuch beim Tierarzt, ein paar Impfungen und einem Gesundheitszeugnis, dass Lucky wohlauf und auch flugtauglich sei. Mit diesem Zeugnis fahren wir zum Agrikultur Ministerium nach Veracruz, um die Ausreisedokumente zu erledigen. Da geht es schon los: man darf das Gebäude nicht betreten, muss sich durchtelefonieren, bis man die richtige Person an der Strippe hat und diese dann vors Gebäude kommt. Das dauert etwas, nicht nur bis die Person erscheint, sondern auch bis man die Dokumente bekommt. Aber statt dem Dokument bekommen wir einen Anruf, uns fehle angeblich eine Impfung. Wir also wieder hin zum Tierarzt, der aber den besagten Impfstoff nicht hat. Gott sei Dank können wir einen anderen Tierarzt ausfindig machen und unser Angsthase lässt erneut eine Spritze über sich ergehen. Am nächsten Tag fahren wir mit der neuen Bestätigung zum Ministerium und durchlaufen wieder das Telefonspiel mit der Bitte, vors Gebäude zu kommen. Nächster Tag und nächster Anruf, das Gesundheitszeugnis sei falsch, denn der Tierarzt hat angegeben, Lucky sei zwei Jahre alt und dabei ist er erst 16 Monate.

Wir machen uns abermals auf den Weg zu unserem Tierarzt, dieser ist aber jetzt auf Urlaub. Wir erbarmen der Tierarzthelferin schon so sehr, dass sie uns ein neues Zeugnis organisiert. Aber so etwas dauert halt etwas, in unserem Fall einen halben Tag. Unserer Sache nun gaaanz sicher, bringen wir das neue Gesundheitszeugnis wieder zum Ministerium, telefonieren uns abermals durch diverse Stellen, geben es ab und sollen am nächsten Tag die Dokumente mittags abholen kommen. Nur am nächsten Tag sagt man uns, die Ausreisepapiere seien noch nicht fertig, es dauert noch einen weiteren Tag. Dann schlussendlich am letzten Tag unseres Aufenthaltes in Veracruz halte ich endlich den heiligen Zettel in der Hand. Ich bin ehrlich gesagt mehr als erleichtert und fast erheitert, denn das Prozedere kann man nur mit Humor nehmen und unter gratis Spanischunterricht verbuchen.

Von Veracruz aus fahren wir mit einem Leihwagen nach Mexiko City. Fliegen wäre zwar auch eine Option gewesen, aber dann hätten wir den Papierkram für den Hund doppelt besorgen müssen und das braucht man sich nicht unbedingt antun.

Für eine ausgiebige Stadtbesichtigung in Mexiko City bleibt leider keine Zeit. Stattdessen schlagen wir uns lieber nochmals das

Baucherl mit köstlichen Tacos voll und um kurz nach Mitternacht geht es dann los nach Bogota.

Was wird uns von Mexiko in Erinnerung bleiben? Das Land ist sehr abwechslungsreich, es gibt sowohl sehr viel Kultur zu besichtigen und als auch viele schöne einsame Flecken, an denen man die Seele baumeln lassen kann. Mexiko ist herrlich farbenreich, die Menschen fröhlich und ungemein herzlich. Aber wirklich unschlagbar und unvergesslich ist die mexikanische Küche. Wir konnten uns an der Ceviche, den Tacos, Quesadillas und den Fischgerichten einfach nicht satt essen. Es ist stets eine köstliche Kombination aus frischen Kräutern und einer (teilweise grenzwertigen) Schärfe, wobei das Tolle ist, dass es in jeder Region etwas anders schmeckt. Ich kann Euch nur raten, nehmt Euch viel Zeit für Mexiko und vor allem fürs Essen und ALLES WIRD GUT!

OFF
ROAD
RACE

FARMACIA

ARTESANIAS
ARTESANIAS

KOLUMBIEN

Willkommen in Kolumbien

Der Flug verläuft Gott sei Dank recht ruhig und das Import Tamtam vom Hund unerwartet problemlos und rasch abgewickelt. Dennoch ist Lucky wesentlich gestresster sowie verängstigter als nach seinem ersten Flug. Aber nach einem Napf voller Futter und einer Stunde Schlaf ist das Kerlchen wieder ganz der Alte und frech wie eh und je.

Wieder mit dem Leihwagen (eh klar, wegen Hund und Papierkram rund ums Fliegen) geht es am nächsten Tag weiter Richtung Cartagena. Die erste Nacht verbringen wir in einem typischen Truck Stopp. Ein klitzekleines Kämmerchen mit einer noch kleineren Dusche samt WC und an einer extrem stark befahrenen Straße gelegen. Gut was soll's, da muss man halt durch. Es ist zwar nicht das Angenehmste, aber man überlebt es. Die zweite Nacht schlafen wir in einer kleinen unscheinbaren Stadt. Das ‚Hotel' ist in einem Hinterhof gelegen und nicht viel besser als das erste, aber dafür um Welten ruhiger und somit eigentlich ein Traum. Gut ausgeschlafen treten wir die dritte und letzte Etappe an und erreichen am Nachmittag unser Hotel in Cartagena. Nun heißt es warten bis das Schiff ankommt und wir unseren Mr. Benz wieder abholen und ‚in die Arme' schließen können. Nach all den Wochen im Haus und in Hotels geht er uns so richtig ab und wir freuen uns schon darauf, wieder in ihm und ‚auf der Straße' zu leben. Aber die Wartezeit verfliegt sehr schnell, denn Cartagena hat so einiges zu bieten. Die Altstadt ist wunderschön und man kann stundenlang zwischen den kolonialistischen Häusern von einer Plaza zur anderen laufen.

Dabei gewinnen wir einen ersten Eindruck von Kolumbien: wie schon in Mexiko sind die Menschen auch hier extrem nett, entspannt und hilfsbereit. So ist es beispielsweise völlig problemlos, SIM Karten zu registrieren und aufzuladen. Im Gegensatz zu Kanada und Amerika sind sie hier erschwinglich und wir sind nicht mehr von WLAN Netzen in Restaurants oder an Tankstellen abhängig. Von nun an können wir jederzeit mit der Familie und mit

Freunden über WhatsApp und Skype kommunizieren oder in der Früh zum Frühstück wie gewohnt Zeitung lesen.

Etwas weniger entspannt ist hingegen der Verkehr in Kolumbien. Über Land sind fast nur schwere Lkws unterwegs, beide Spuren sehen aus wie Perlenketten aus dicken Brummern. An Überholen brauchen wir mit unserem schwachmotorisierten Benz gar nicht denken, aber andere tun es sehr wohl. Denn in Kolumbien wird grundsätzlich immer und überall überholt und am liebsten vor Kurven oder Kuppen. Die vielen Überholverbote sind offensichtlich nur optische Bereicherungen am Straßenrand und werden prinzipiell ignoriert.

Ein weiterer Unterschied ist die kolumbianische Küche. Es gibt sehr viel Fleisch, sehr viel Pommes (meist mit Tonnen an Käse drüber), viele Hamburger und gaaanz viel Fett. Also als Vegetarier mit Bedacht auf fettarmes und gesundes Essen hat man in Kolumbien vermutlich schlechte Karten und permanent Hunger. Aber wir kochen meistens eh selbst und haben auch kein Problem mit Fleisch. Wir werden somit unter Garantie nicht verhungern und ALLES WIRD GUT!

Karibische Hitze und kühle Bergluft

Die Formalitäten in Cartagena für den temporären Import von Mr. Benz, das Abschließen einer Versicherung sowie die Abwicklung beim Zoll sind recht ‚südamerikanisch'. Das heißt, alles verläuft völlig unkompliziert und in einem sehr freundlichen Umgangston. Nach dem Zollhafen machen wir uns als erstes auf die Suche nach LPG Gas, denn unsere Gasflaschen sind nach der Verschiffung leer und müssen somit dringend befüllt werden. Was in den letzten zehn Monaten total unproblematisch und innerhalb von paar Minuten erledigt war, stellt sich in Kolumbien als nahezu unmöglich heraus. Die kolumbianischen Adapter passen nicht um die Burg auf unser Befüllungssystem, all unsere anderen Adapter funktionieren auch nicht und so bleibt uns nur eine einzige Möglichkeit, nämlich das Gas mühsam von einer anderen Flasche in unsere umzufüllen. Gott sei Dank bekommen wir Unterstützung und ein netter Kolumbianer hilft uns vier Stunden lang bei fast 40 Grad Hitze mit einer absoluten Seelenruhe beim Befüllen. Der Gasschlauch hält dem Druck allerdings nicht stand und so müssen wir immer wieder flicken und improvisieren. Am Ende haben wir nicht nur zwei volle Flaschen sondern beinahe auch einen Hitzeschlag.

Die ersten Tage in Kolumbien verbringen wir auf einem inoffiziellen Campingplatz etwas außerhalb von Cartagena bei Gloria und Albeiro. Wir stehen mitten in ihrem großzügigen Garten und machen Mr. Benz wieder reisefit. Heißt, es wird geräumt, Wäsche gewaschen, Bett wieder bezogen und der Kühlschrank befüllt (jetzt wo die Gasflaschen wieder voll sind, wird natürlich wie gewohnt gekocht!). Unsere Gastgeber behandeln uns wie Familienmitglieder, sie kochen für uns Kaffee oder Kakao, schenken uns täglich frisches Gemüse aus ihrem Garten und Bananen direkt vom Baum. Zudem bekomme ich den ganzen Tag Spanischunterricht, bei dem mich Gloria mit ihrer Engelsgeduld die Sätze so oft wiederholen lässt, dass ich sie mein Leben lang nimmer vergessen werde.

Weiter geht es an die Küste zum Karibischen Meer. Es ist nicht nur von den Temperaturen her unmenschlich heiß, sondern es geht auch menschlich heiß her. Denn es ist gerade ein verlängertes Wochenende und alles was sich bewegen kann, bewegt sich wie im Gänsemarsch in eine Richtung, nämlich zur Küste und zum Meer. Alles ist vollgeparkt und wir sind relativ ratlos und bei der Suche nach einem Stellplatz etwas am Verzweifeln. Aber wir haben mal wieder Glück, denn am späten Nachmittag halten wir in einer kleinen Bucht bei einem schnuckligen Restaurant und fragen, ob wir nicht nur zum Essen sondern auch über Nacht bleiben dürften. Wer freundlich fragt, ist klar im Vorteil, denn während die Campingplätze aus allen Nähten platzen übernachten wir mit einem köstlichen Fisch im Bauch in der ersten Reihe fußfrei am weißen Strand zwischen den Palmen. Aber so schön die Küste auch ist, die extremen Temperaturen machen uns sowie Lucky ganz schön zu schaffen und deshalb treten wir die Flucht in die Berge an. Das ist ja das Tolle an Kolumbien, man ist relativ schnell in einer anderen Klimazone (ok, mit Mr. Benz und 30km/h bergauf vielleicht ein klitzekleines bisschen weniger schnell, aber immerhin).

Am dem Weg in die Berge machen wir die Bekanntschaft mit einer recht kuriosen Dienstleistung: sobald die Straße sehr nah am Fluss entlang führt, wird alle Nasenlang eine Auto- bzw. Lkw-Wäsche angeboten. Die Kolumbianer hängen kurzerhand Wasserschläuche an die Naturquellen an und riesige Fontänen schießen als Hinweis auf die ‚Waschstraßen' in die Höhe. Das zieht sich über viele Kilometer und sieht nicht nur witzig aus, sondern kommt uns gerade recht, denn Mr. Benz braucht wirklich ganz dringend eine Komplettsanierung. Nach der Verschiffung steht er vor Dreck und von der salzigen Luft ist er zudem richtiggehend klebrig. Er bekommt also eine gründliche Handwäsche von drei quirligen Kolumbianern und nach einer Stunde sieht er aus wie neu und ist auf Hochglanz poliert.

Nach zwei langen Fahrtagen, einer ziemlich lauten Nacht an einer Tankstelle, 2600 Höhenmetern und unzähligen Serpentinen kommen wir in der Nähe von Medellin in einem Kleinod in den Bergen an. Das Camp El Bosque wird von einer sehr herzlichen Familie geführt und hat auf den ersten Blick den Charme einer Almhütte, ist aber in einem dichten Wald eingebettet.

Tagsüber genießen wir angenehme 25 Grad, nachts kühlt es auf zapfige 10 Grad ab und wir können buchstäblich durchschnaufen. Wir fühlen uns hier sehr wohl, aber den meisten Spaß hat definitiv Herr Hund, denn er ist den ganzen lieben Tag mit einem anderen Junghund unterwegs, den die Besitzerfamilie vor ein paar Wochen schwer verletzt gefunden und zu ihren anderen fünf Hunden aufgenommen hat. Die zwei sind nicht nur ein Herz und eine Seele, sie sind von morgens bis abends völlig außer Rand und Band und haben wie die Lausbuben nur Blödsinn im Kopf. Da wird der Springbrunnen am Campingplatz kurzerhand zu einem Swimmingpool umfunktioniert, die Katze wird ununterbrochen geärgert und Blumenbeete werden ebenfalls umgestaltet bzw. nach ihrem Geschmack ‚verschönert'.

Statt den ursprünglich geplanten zwei Nächten werden es schlussendlich sechs chillige Tage auf dem Camp. Mein Mann erledigt einige Arbeiten am Benz, ich mache innen Großputz und nutze den Backofen in der Gemeinschaftsküche zum Brotbacken (da wir jetzt wissen, welches Heckmeck das Befüllen der Gasflasche bedeutet, wird natürlich an jeder Ecke Gas gespart). Solche Plätze bereichern zudem mein Spanisch jeden Tag um ein paar neue Ausdrücke und es ist witzig zu beobachten, wie die Sprache unterwegs ‚wächst'. Denn es kommen 'gewöhnliche Alltagsworte' rund um Lebensmittel etc. dazu sowie eher ‚exotischer' aber für uns wichtiger Wortschatz wie Scheibenwischer, Fußmatte, Wasserschlauch oder Brotbackform. Ein solches ungewöhnliches Vokabular lernt man definitiv nicht auf der Volkshochschule sondern nur auf Reisen.

Apropos ‚ungewöhnlich': uns fällt in Kolumbien auf, dass es außerhalb der größeren Städte so gut wie keine Supermärkte im herkömmlichen Sinn gibt. Dafür findet man fast überall Gemischtwarenhandlungen, die ein sozialer Treffpunkt für einen gemeinsamen Kaffee oder so manches Schnapserl sind und in denen (neben der paradiesischen Obst- und Gemüsevielfalt und den Grundnahrungsmitteln) alles angeboten wird, was der Mensch halt so braucht. Und ich meine wirklich alles vom Suppenwürfel über die Schuhcreme, diverse Medikamente sowie kleine Eisenwaren, Besen, Töpfe etc. Diese Läden sind herrlich kunterbunt, vermeintlich völlig chaotisch und zeitgleich blitzsauber. Abgesehen von einigen Ausnahmen, die es ja überall gibt, ist Kolumbien insgesamt sehr sauber und auf den Campingplätzen ist es beispielsweise selbstverständlich, dass man den Müll trennt sowie recycelt. Das Klischee, das man von manchen Ländern im Kopf hat und die Realität Vorort klaffen also ziemlich weit auseinander.

Momentan ist der Süden Kolumbiens leider durch Proteste und Straßenblockaden eher ungemütlich und es gibt keine Möglichkeit, nach Ecuador auszureisen. Südlich von Cali protestieren die Indigenen für mehr Schulen und Spitäler. Sie versuchen, den Präsidenten zu Gesprächen ‚zu bewegen‘, indem sie die Straßen sperren und die restliche Bevölkerung von der Versorgung mit Lebensmitteln und Treibstoff abschneiden. Die Einheimischen beruhigen uns, dass solche Blockaden hier nichts Ungewöhnliches seien. Aber zeitgleich raten sie uns, in den nächsten Wochen eher im Norden zu bleiben und abzuwarten. Wir halten uns an diese Empfehlung, bewahren Ruhe und sind uns sicher ALLES WIRD GUT!

Kunterbuntes Kolumbien. Gefangen im Paradies

Wir fahren zunächst nach Guatapé. Das erste Camp, das wir ansteuern, ist wirklich wunderschön über der Stadt gelegen, allerdings ist die Einfahrt für unser Fahrzeug zu schmal. Beim Rangieren rutschen wir mit einem Reifen in einen Graben und bekommen einen ziemlichen Schrecken. Es ist zwar nichts passiert, aber wir lassen einen weiteren Manöverversuch lieber bleiben. Dann finden wir einen Lkw-freundlichen sowie sehr ruhigen Parkplatz etwas außerhalb und verlieben uns total in das kleine kunterbunte Städtchen. All die schmalen Gassen und die kleinen Läden sind entzückend. Jedes Haus hat einen anderen Anstrich und unterschiedliche Reliefs. Kurzum Guatapé gleicht einem Farbtopf, aus dem man sich kräftig bedient hat und ist auf alle Fälle einen Besuch wert.

Von Guatapé geht es weiter über einen Bergpass Richtung Süden. Die vielen Höhenmeter ziehen sich bei unserer Geschwindigkeit kräftig in die Länge und machen hungrig. Aber kein Problem, denn unterwegs gibt es zahlreiche Garküchen mit großen Kupfertöpfen auf dem Herd, aus denen kolumbianische Mamas köstliche Suppen und sättigende Fleischgerichte zaubern.

Unser nächstes Ziel ist ein idyllisches Fluss Camp, auf dem wir ein deutsches Pärchen treffen. Was wir zu dem Zeitpunkt noch nicht wissen, ist, dass wir Anja und Jan auf unsere Reise noch oftmals begegnen und mit ihnen sogar gemeinsam heimfliegen bzw. zurück verschiffen werden. Schon bei der ersten Begegnung sind sie in vielerlei Hinsicht regelrecht ein ‚Geschenk'. Sie sind extrem entspannt, reisen auch in einem Lkw, haben ebenfalls einen Hund und wollen wie wir nach Ecuador. Nachdem sich die Situation im Süden Kolumbiens nun durch gewalttätige Proteste und zudem durch einen Bombenanschlag ziemlich verschärft hat, beschließen wir, zusammen weiterzufahren. Den Berg im Konvoi und im wahrsten Sinn des Wortes gemeinsam zu überwinden, war für Jan zeitweise ziemlich nervenraubend, denn bis Mr. Benz mal bis auf 3700 Meter hochgekrochen ist, dauert das seine Zeit.

Aber was lange währt wird gut und als wir gemeinsam auf der Hacienda Guayabal ankommen, landen wir in einem wahren Paradies. Die Hazienda liegt mitten im Kaffeeanbaugebiet und wurde sehr detailverliebt angelegt. Abgesehen von der idyllischen Lage ist vor allem die Vegetation hier einfach unglaublich. Neben den fast 500.000 Kaffeebäumen gibt es noch so viel zu entdecken: Mangobäume, Avocadobäume, wilde Bananen, Baumwollsträucher, Kakaobäume und dann all die Blumen, Kolibris etc.

Obwohl die Situation in Kolumbien von Tag zu Tag angespannter wird, kommt bei uns auf der Hazienda fast so etwas wie Urlaubsfeeling auf. Die Herren basteln etwas an den Fahrzeugen, Anja und ich machen eine richtig spannende Führung durch die Kaffeeplantage und die Hunde können den ganzen Tag spielen und herumtollen. Unser kleiner Zwicker lernt viel von dem tiefenentspannten Hund Emil und macht zum ersten Mal die Erfahrung, dass man fremde Personen nicht ständig anbellen muss. Stattdessen nimmt er sogar Leckerli an und lässt sich erstmals von einer fremden Person anfassen, wenn auch nur ganz kurz.

Wir nutzen die Wartezeit zudem beide für einen Zahnarztbesuch. Zum Zahnarzt in Kolumbien zu gehen mag erst mal abenteuerlich klingen, das ist es aber in keinster Weise. Die Ordination sieht vielleicht nicht ganz so aus, wie wir es gewohnt sind, aber der nette Arzt spricht gut Englisch, repariert sehr geduldig meinen durch Popcorn ruinierten Zahn und erneuert bei meinem Mann eine herausgefallene Füllung.

Da haben wir also mal wieder so richtig Glück, aber lässt sich das noch steigern? Oh ja, denn wir bekommen Neuigkeiten aus dem Süden, dass die indigene Bevölkerung eine Übereinkunft mit der Regierung getroffen hat und die Panamericana wieder geöffnet wird. Uns fällt ein riesengroßer Stein vom Herzen, da ja wirklich nicht abzusehen war, wie lange die Unruhen andauern und wie lange wir festsitzen werden.

Bei einer Dose kühlem Bier halten wir Kriegsrat. Noch trauen wir dem Frieden nicht ganz und beschließen, ein paar weitere Tage abzuwarten und dann zusammen im Konvoy Richtung ecuadorianische Grenze zu fahren. Heißt für uns, dass wir auf Highlights wie Salento, San Augustin oder das Tal der Wachspalmen leider verzichten müssen, aber wir sollten die Gunst der Stunde nutzen und nach Ecuador ausreisen.

Was wird uns von Kolumbien in Erinnerung bleiben? Das Land ist so bunt wie ein Regenbogen und die Menschen sehr fröhlich. Zudem ist die Vegetation einfach unglaublich. In Kolumbien gibt es beispielsweise 380 verschiedene Früchte, das heißt, selbst wenn man jeden Tag eine andere Frucht isst, so hat man am Ende des Jahres noch immer nicht alle gekostet. Und abgesehen von der Vielfalt ist der Geschmack unübertrefflich. Wir haben noch niemals derart köstliche Mangos, Drachenfrüchte, Papaya etc. gegessen. Nur mit der kolumbianischen Küche konnten wir uns nicht so ganz anfreunden und auch nicht mit dem Kaffee, denn dieser ist für unseren Geschmack viel zu säuerlich.

Kurzum, Kolumbien ist wirklich traumhaft und die Zeit hier war leider viel zu kurz. Aber in unserer Situation ist es einfach vernünftiger, das Land jetzt zu verlassen und ALLES WIRD GUT!

POR HIGIENE
PROHIBIDO EL INGRESO
DE ANIMALES

ECUADOR

Eine angespannte Ausreise und dann entspannt in Ecuador

Vier anstrengende Tage lang sind wir gemeinsam mit Anja und Jan auf der Panamericana Richtung Ecuador unterwegs. Zwischen Cali und Popayan sind sowohl die Polizei als auch das Militär sehr präsent, weil die Indigenen wieder mit neuen Straßenblockaden drohen. Wir passieren zwar unzählige Kontrollen, kommen ansonsten aber problemlos durch. Auf dem Weg nach Pasto raubt uns zunächst ein umgestürzter Tanklastwagen leider viel Zeit. Die Kolumbianer sind aber zumindest so geistesgegenwärtig, dass sie die 30.000 Liter ausgelaufenen Treibstoff mit kleinen Kanistern aufgefangen. Die Lkw Fahrer freuen sich über den 'billigen' Treibstoff und der Umwelt tut es ebenfalls gut. Wegen einer abgegangen Mure stehen wir wieder Stunden, nur das ist bei den vielen Bergpässen und unserem Schneckentempo eigentlich eh schon egal. Am vierten Tag pausieren wir etwas und bleiben in Ipiales. Wir sind erschöpft vom vielen Fahren und wollen uns zudem unbedingt die Wallfahrtskirche ansehen.

Es ist wirklich ein sehr besonderer Ort, denn man fährt mit einer Gondel im Schritttempo hinunter zur Kirche und staunt zunächst über ihre eigenwillige Lage. Dieses wunderschöne weiße Gotteshaus steht ganz filigran auf einer Brücke in einer tiefen Schlucht. Um die Kirche herum findet man Tausende an Devotientafeln mit Danksagungen. Und auch das Innere ist ein Traum, denn wie in einem Kaleidoskop fallen die Sonnenstrahlen durch die vielen bunten Glasfenster in die Kirche hinein. Im hinteren Teil des Kirchenschiffes erblickt man das Altarbild, das eher düster ist und direkt auf den Felsen gemalt wurde. Am Abend gibt es eine Lichtershow und die Kirche erstrahlt inmitten der Schlucht in allen erdenklichen Farben. Es ist wirklich ein sehr einzigartiger Ort mit einer tollen Atmosphäre.

Wir können direkt an der Gondelstation übernachten und sind am nächsten Morgen bereits um sechs Uhr an der Grenze. Alles verläuft reibungslos, die Ausreise aus Kolumbien ist in 10 Minuten erledigt und die Einreise nach Ecuador samt Import des Fahrzeugs dauert ebenfalls nur eine knappe halbe Stunde. Es gibt keine Kontrolle des Fahrzeuginneren, kein Interesse an Lucky, gar nichts, nada. Nur ein Foto von Mr. Benz, ein kurzer Plausch mit dem Zollbeamten, ein Dokument, ein Stempel in den Pass und fertig.

In Ecuador staunen wir zunächst nicht schlecht. Die Straßen sind super ausgebaut, statt den unzähligen Topes gibt es plötzlich wieder viele Ampeln. Die Bergpässe sind zweispurig, was uns zwar egal ist, aber worüber sich die anderen freuen, da sie uns somit locker flocker überholen können. Wir fahren zur Finca Sommerwind und treffen dort viele Overlander. Eine ganze Woche verbringen wir auf dem Camp und die Zeit verfliegt wie im Nu. Wir plaudern uns durch den Tag, tauschen uns über die besten Spots in Südamerika aus und produzieren für den deutschen Besitzer Hans bzw. für sein Restaurant einen ganzen Tag lang Apfelstrudel. Mein Mann stellt mit einem begnadeten Mechaniker die Ventile von Mr. Benz neu ein – klingt banal, ist allerdings so spannend wie eine Operation am offenen Herzen.

Während die Herren großteils über Technisches fachsimpeln, fahren Anja und ich einen Tag lang nach Otavalo zum Markt sowie nach Cotacachi auf die Lederstraße. Wir verbringen einen tollen Mädchen-Shoppingtag und kommen mit reichlich Beute zurück.

Der Abschied fällt uns wirklich schwer, aber wir möchten von Ecuador ja mehr sehen als nur die Finca Sommerwind und es zieht uns weiter Richtung Süden.

Wir machen Halt in Cayambe ‚an der Mitte der Welt‘. Ein schöner Stopp, denn zum einen ist es ein witziges Gefühl, wenn man mit einem Fuß auf der Südhalbkugel und mit dem anderen auf der Nordhalbkugel steht. Zum anderen übernachten wir bei einer sehr lieben ecuadorianischen Familie, die uns zu einem traditionellen Frühstück einlädt. Zum Kaffee gibt es Mozzarella mit Dulce de Leche, einer Art Karamellcreme, die in ganz Südamerika kiloweise gegessen wird. Die Kombination ist zwar etwas gewöhnungsbedürftig aber durchaus köstlich.

Apropos ‚Kombination': es ist gerade Regenzeit in Ecuador und die Kombination aus Regenzeit und Regenwald ist nicht nur nass sondern vor allem neblig. Das werden wir in den nächsten Wochen mehr als zu spüren bekommen. Zudem kommen wir erstmals auf über 4000 Meter und somit wird die Luft immer dünner und die Nächte immer kälter. Mal hoffen, dass wir damit gut zurechtkommen, denn auch Peru und Bolivien sind ja nicht gerade flach. Aber wie immer glaube ich an mein Motto ALLES WIRD GUT!

Regenwald und Regenzeit – eine sehr nasse Kombination

Von Cayambe fahren wir zum nahegelegenen Cotopaxi. Mit immerhin 6000 Metern ist er der höchste aktive Vulkan der Erde. Es gibt eine sehr bequeme und somit Lkw-freundliche Zufahrt, aber unser liebes Navigationsgerät leitet uns über die Straße der Vulkane. Vermutlich gut gemeint, denn die Aussicht auf die umliegenden Vulkane wäre sicherlich sehr hübsch. Allerdings schüttet es mal wieder aus Kübeln, man sieht somit absolut nichts von der Umgebung und so bleibt uns als einziges ‚Vergnügen' die heftig matschige und steile 4x4 Piste mit ihren verschlammten Spitzkehren und unzähligen Schlaglöchern. Am Eingang zum Nationalpark können wir noch einen kurzen Blick auf das Schneehauberl vom Cotopaxi erhaschen und dann zieht leider sehr heftiger Nebel auf. Und zwar ein Nebel, der derart extrem ist, dass wir uns vorkommen, als seien wir in einer riesigen Waschküche. Man sieht weder den Cotopaxi noch die eigene Hand vor dem Gesicht. Aber das hat auch sein Gutes, denn Hunde sind im Park eigentlich streng verboten und bei dem dichten Nebel kann unser eingeschmuggelter blinder Passagier zumindest ungesehen seine Pippirunden drehen. Die Landschaft im Nationalpark erinnert uns sehr an Island. Sie ist wirklich idyllisch, überall kleine Bäche und Seen und die unzähligen Grüntöne, nur die Wildpferde und die vielen Lamas machen den Unterschied zu Island aus und natürlich auch die Höhe.

Wir stecken die Höhe von fast 4000 Meter körperlich ganz gut weg, ganz im Gegensatz zu unserer Heizung. Sie ‚derschnauft' die dünne Luft nämlich nicht, geht quasi in den ‚Höhenstreik' und das hat zur Folge, dass es eine eher laukalte als lauwarme Dusche gibt und dass ich mich sehr schnell mit einer Wärmflasche bewaffnet unter die Bettdecke flüchte. Aber bei uns ist das Glas prinzipiell halbvoll statt halbleer und somit können wir dem Ganzen etwas Positives abgewinnen, denn wir haben wieder etwas dazugelernt. Wir haben ab jetzt zwei Möglichkeiten, entweder wir bleiben unterhalb von 3500 Meter stehen und heizen ein oder aber wir legen einen kleinen doch magischen Hebel um und produzieren mit der Motorwärme Warmwasser. Beides ist kein Hexenwerk, aber man muss es wissen und vor allem ab jetzt bedenken, denn spätestens in Peru und in Bolivien stehen uns noch ganz andere Höhen bevor.

In den darauffolgenden Tagen macht Mr. Benz mehr als 20.000 anstrengende Höhenmeter und kriecht brav einen Bergpass nach dem anderen hinauf und wieder hinunter. Zumindest einer, dem die Höhe nichts anhaben kann. Unser nächster Stopp auf der Vulkan- und Regenwaldrunde ist Baños, ein unerwartet nettes kleines Städtchen mit einer wunderschönen Wallfahrtskirche und einer der besten Pizzen, die wir auf der Reise gegessen haben. Bei strahlendem Sonnenschein und toller Sicht fahren wir über die Straße der Wasserfälle zum Cascada del Diabolo. Der mehr als imposante Wasserfall liegt mitten im Dschungel. Man geht etwa eine halbe Stunde relativ steil zu einer Schlucht hinab und allein der Weg dorthin ist ein wahrer Traum, denn die üppige und absolut undurchdringlich scheinende Vegetation des Amazonasgebietes ist mehr als beeindruckend.

Auf der Weiterfahrt halten wir kurz bei einer Affenfarm. Gerade als ich meine Besichtigungstour starte, beginnt es (mal wieder) wie aus Kübeln zu schütten. Nicht lustig, denn ein Regenguss im Regenwald bedeutet, dass man innerhalb von wenigen Minuten bis auf die Unterhose völlig durchnässt ist. Ich breche meine Tour also ab, versuche die Kamera irgendwie unter meinem nassen T-Shirt zu schützen und laufe so schnell als möglich zum Fahrzeug zurück. Ich muss ziemlich devastiert ausgesehen haben, denn mein Mann bricht bei meinem Anblick in schallendes Gelächter aus und es versteht sich von selbst, dass er auf einen Besuch bei den Äffchen verzichtet. Da unsere Sonnenpanele bei Regen keinen Strom produzieren, ist an Haare föhnen gar nicht zu denken. Deshalb gibt es lediglich trockene Klamotten und einen Handtuchturban. Ja, die Reise ist wirklich ein Traum, aber halt nicht immer.

Wir kehren nochmals auf die Finca Sommerwind zurück und es ist ein wenig, als würden wir nach Hause kommen. Wir treffen alte Bekannte wieder, plaudern uns abermals durch den Tag und lassen die Seele baumeln. Wir nutzen das gute WLAN und schauen sogar etwas TV. So ein Livestream vom Tatort am Sonntagabend ist auch mal wieder fein. Da wir ja keine Eile haben, fahre ich nochmals nach Otavalo und besuche den lokalen Samstagsmarkt. Er ist ein wunderbares und kunterbuntes Durcheinander aus Kunsthandwerk, Schmuckerzeugnissen, farbenfrohen Textilien, Obst, Gemüse und Fressständen mit dekorierten Schweinen, Suppen und Hühnergerichten. Ich liebe diese quirligen und etwas chaotischen Märkte, es gibt so viel zu entdecken und man weiß gar nicht, wohin man zuerst schauen soll.

Wie beim ersten Mal fällt uns der Abschied von der Finca Sommerwind schwer, aber wir müssen irgendwann weiter, denn schließlich möchten wir in wenigen Wochen nach Peru einreisen. Das Wetter ist nun auch deutlich besser, die Regenzeit neigt sich dem Ende zu und wir versinken nicht mehr ständig im Wasser. Wir freuen uns jetzt erst mal auf den Süden Ecuadors, sind gespannt, was uns dort erwartet aber es gilt wie immer ALLES WIRD GUT!

Ecuadors vielseitiger Süden

In unserem gewohnten Schneckentempo bummeln wir Richtung Süden nach Pifo, um dort LPG Gas aufzutanken. Das ist zwar nicht ganz so ein Drama wie letztens in Cartagena, aber dafür abermals ein Geduldspiel, denn wir müssen warten, bis irgendwann ein Tankwagen kommt, der uns befüllt. So stehen wir über vier Stunden in der sengenden Hitze. Als wir endlich befüllt und fertig sind, ist es zum Weiterfahren bereits zu spät und wir müssen die Nacht ziemlich unromantisch an einer nahegelegenen Tankstelle verbringen. Aber es hilft nichts, Gas ist nun mal wichtig. Weiter geht es nach Guamote und wir haben wieder insofern Glück, als hier jeden Donnerstag ein großer Markt stattfindet, den wir natürlich besuchen. Zwischen Ziegen, Textilien, Obst, Gemüse und unzähligen Garküchen findet man wirklich alles, nur keine Touristen.

Unser nächster Halt ist Cuenca bzw. ein inoffizieller Campingplatz auf einem Bauernhof etwas außerhalb der Stadt. Der Besitzer Umberto ist sehr herzlich und heißt uns mit den Worten ‚ein tolles Fahrrad habt ihr da‘ willkommen. Wir haben bislang ja wirklich so einiges erlebt, aber eine solche Begrüßung ist uns neu. Am nächsten Morgen kommt er mit einem ganzen Korb voller Gemüse und Obst aus seinem Garten zu uns ans Fahrzeug. Aber statt Mr. Benz bewundert er wieder nur unseren Drahtesel. Der gute Mann hat nicht nur ein großes Herz sondern offensichtlich auch Humor, denn das, was wir als neues Trekking Fahrrad vor einem Jahr in Wien auf den Heckträger geschnallt haben, ist nach den vielen Wochen auf der Baja California und der salzigen Luft in Veracruz nur noch ein erbärmliches Häufchen Rost. Die Tage bei Umberto sind wirklich großartig. Zum einen ist Cuenca eine sehr schöne Stadt voller Kathedralen, kleiner Plätze, vielen Cafés und netten Gassen. Zum anderen lässt Umberto es sich nicht nehmen, uns jeden Tag zu sich ins Haus einzuladen. Und so verbringen wir die Abende in seinem Wohnzimmer am offenen Kamin, auf dem kiloweise Fleisch brutzelt, werden mit einheimischen Köstlichkeiten gefüttert und haben es nicht nur warm sondern auch sehr lustig.

Am letzten Morgen schleicht Herr Chef wieder um unser Heck herum und rückt dann endlich mit der Sprache heraus. Er fragt, ob er denn nicht unser Fahrrad haben könnte. Alle Erklärungen, dass der rostige Drahtesel nicht mehr fahrtauglich sei, dass er eigentlich nur als Dekoration diene, um zu zeigen, dass wir so arm seinen, uns nicht mal ein vernünftiges Radl leisten zu können, all diese Argumente nutzen einfach nichts. Umberto hat sich unsterblich in unser Fahrrad verliebt und will es unbedingt haben. Er zieht aus einer Scheune sein eigenes Fahrrad heraus und bietet es uns zum Tausch an. Wir denken in diesem Moment immer noch, Umberto mache einen Scherz. Aber er meint es völlig ernst und so kommt es, dass wir nun ein gelb oranges und vor allem voll funktionierendes Fahrrad besitzen.

Neu ausgestattet begeben wir uns in das Tal der Hundertjährigen und fahren nach Vilcabamba. Wir stehen hier auf dem Parkplatz eines wunderschönen Yoga- und Spa-Resorts und dürfen nicht nur die Anlage samt Pool und Yogastunden sondern auch die traumhafte Aussicht in das Tal genießen. Das bunte Städtchen hat eine sehr nette Atmosphäre und eine hübsche Plaza mit einem Park und vielen Cafés. Vilcabamba wird von den Ecuadorianern übrigens etwas abschätzig ‚Gringobamba' genannt, denn hier haben sich viele amerikanische Althippies niedergelassen. Keiner weiß so genau weshalb, vielleicht in der Hoffnung, ebenfalls ein biblisches Alter zu erlangen. Wir werden hier nicht mehr sehr alt werden und brechen nun endgültig Richtung Peru auf.

Was wird uns von Ecuador in Erinnerung bleiben? Ecuador ist zwar ein verhältnismäßig kleines Land, aber es hat viel zu bieten: es gibt hohe Berge, tolle Strände, Vulkane, den Regenwald und sehr schöne Städte. Das Land ist sehr unproblematisch zum Reisen, der Diesel kostet fast nichts und die Einheimischen sind uns sehr herzlichen und freundlich begegnet. Wenn man nur wenig Zeit hat und dennoch einen Eindruck von Südamerika gewinnen möchte, dann ist Ecuador ein optimales Reiseland.

Wir planen jetzt erst mal einige Tage gemütlich am Strand in Peru zu bleiben und mit dieser Aussicht lässt sich doch berechtigt sagen ALLES WIRD GUT!

PERU

Es lebe die Sorglosigkeit – bebender Start in Peru

Der Grenzübergang in das sechste Land auf unserer Reise ist wieder völlig unproblematisch: Ausreisestempel, Einreisestempel, Porträtfoto, Fingerabdrücke, Foto von Mr. Benz (dabei macht sich Herr Hund natürlich wichtig und posiert in der Fahrerkabine), Papiere für den temporären Import vom Fahrzeug und fertig.

Unser erster Stopp in Peru ist das Camp Swiss Wassi. Der Campingplatz liegt direkt an der Küste, heißt Palmen, weißer Sand, blutrote Sonnenuntergänge und Urlaubsfeeling. Letzteres vergeht uns jedoch in der dritten Nacht gehörig, denn kurz vor 3 Uhr morgens beginnt Mr. Benz aus dem Nichts heraus sehr heftig zu schaukeln. Allerdings nicht nur ein wenig und auch nicht nur kurz, sondern zwei eeewig laaange Minuten von links nach rechts, ein Gefühl als läge man im Kinderwagen. Uns war sehr wohl klar, das ist jetzt ein Erdbeben, nur als der Spuk vorbei ist, kuscheln wir uns unter die Decke und schlafen wieder wie die Babys. Da Peru am Feuerring liegt, sind Erdbeben an und für sich nichts Ungewöhnliches, aber normalerweise ist es nur ein kurzes Gerüttel und kein so langes Geschaukel. Am nächsten Morgen entdecken wir erst mal die heftigen Risse im Haus der Campingplatzbesitzer und erfahren, dass das Beben die Stärke 8 hatte. Das war also nicht lustig! Lustig hingegen ist die Tatsache, dass offensichtlich ALLE um uns herum mitten in der Nacht am Strand standen und aus Angst vor einem Tsunami stundenlang das Meer beobachtet haben. Nur wir zwei unverbesserlichen Optimisten haben eine Gefahr nicht einmal in Erwägung gezogen und seelenruhig in unserem Bettchen weiter geschlummert. Aber es bestand eh keine Bedrohung, weil sich das Epizentrum an Land und nicht am Meer befand. Somit ist ja alles gut und wir sind durch unsere Sorglosigkeit am ganzen Campingplatz die einzigen Ausgeschlafenen.

Eigentlich wollten wir in die Berge weiterfahren, denn die Panamericana entlang der Küste ist ziemlich trostlos und leider auch sehr verdreckt. Aus unserem Plan wird allerdings nichts, denn zum einen ist eine Verbindungsstraße durch das Erdbeben zerstört und zum anderen haben wir eine Einladung zu Anjas 50. Geburtstag (ihr erinnert euch an unser Begleitpärchen auf dem Weg aus Kolumbien). Somit nehmen wir doch den Weg entlang der Küste und machen uns auf in Richtung Süden zur Standparty. Für die Einheimischen geben wir sicherlich ein witziges Bild am Strand ab, sechs ungebräunte Europäer, drei Lkws und zwei Hunde zuzüglich lokaler Vierbeiner. Es wird ein tolles Fest und ein schönes Wiedersehen. Wir verbringen drei Tage zusammen, es gibt jede Menge zu erzählen, viel Rotwein und sehr leckeren frischen Fisch.

Dann haben wir aber wirklich genug vom Sand. Sand am Strand, Sand an den Füßen, Sand im Auto und Sand am Hund, überall Sand. Wir lassen Mr. Benz erst mal richtig waschen und fahren nun wie geplant in die Berge.

Als wir einen Bergpass erklimmen haben wir erstmals so richtig das ‚wow-Peru-ist-genial-Gefühl'. Auf 4300 Meter Höhe schauen wir dann auf die Stadt Huaraz hinunter und zeitgleich auf schneebedeckte 6000 Meter hohe Berge hinauf. Wir sehen endlich die Cordillera Blanca, ein wirklich imposanter Anblick!

Aber es kommt noch viel besser, denn wir stellen uns für ein paar Tage auf einen kleinen Campingplatz in der Nähe von Caraz und fahren von dort aus mit einem gemieteten Kleinbus zur Laguna Parón. Zwei Stunden lang werden wird auf einer holprigen und staubigen Piste erst mal so richtig durchgeschüttelt, machen dabei fast 2000 Höhenmeter und dann liegt der größte und angeblich schönste Gebirgssee in der Cordillera Blanca vor uns. Eine riesige türkisblaue und kristallklare Lagune so hoch oben in den Anden, was für ein Traum. Aber es reicht uns noch nicht ganz und wir wandern noch ein gutes Stück weiter nach oben zu einem Mirador. Ich muss zugeben, auf 4200 Meter Höhe ist es um einiges anstrengender und man klettert nicht mehr ganz so grazil wie eine Bergziege. Ich kämpfe ziemlich mit der dünnen Luft und denke einige Male ans Umdrehen, aber das Durchbeißen lohnt sich, denn der Ausblick von ganz oben ist eine Sensation. Nach weiteren zwei Stunden Holperpiste und von oben bis unten komplett eingestaubt ist die heiße Dusche am Campingplatz dann nicht nur notwendig, sondern auch wohlverdient und eine richtige Wohltat. Selbst Herr Hund wird abgeduscht, denn er ist mehr grau als schwarz.

Da wir gelernt haben, dass man in Peru Supermärkte nur in größeren Städten findet, stocken wir in Caraz auch noch unsere Futtervorräte auf. Das funktioniert ganz gut und man bekommt sogar ‚Exotisches' wie Nutella, Olivenöl oder Balsamico Essig, aber um ehrlich zu sein, ist der örtliche Mercado viel spannender. Denn hier sieht man nicht nur für uns ‚Exotisches' in Form von unbekanntem Obst oder Gemüse, sondern auch die wunderschönen Trachten der Frauen, die hohen Hüte und die bunten Tragetücher, in denen vom Kleinkind über Einkäufe bis hin zu einem Balg mit lebendigen Meerschweinchen wirklich alles transportiert wird. In den Markthallen wurlt es so richtig und man weiß gar nicht, wohin man zuerst blicken soll. Wobei man bei manchen Dingen wie den gehäuteten Tierköpfen vielleicht lieber nicht ganz so genau hinschauen sollte. Nur ist dies leichter gesagt als getan, wenn man mitten zwischen diesen Schädeln steht und Fleisch einkauft.

Es ist landschaftlich so wunderschön hier, dass wir noch etwas in den Bergen bleiben, bevor es zurück zur Küste geht. Wir sind von Peru absolut begeistert, fühlen uns unheimlich wohl und was bleibt einem anderes übrig, als zu sagen ALLES WIRD GUT!

Luftige Höhen und lustige Feste

Von Caraz aus steuern wir den Nationalpark Huascarán an. Und es ist wieder ein tolles Erlebnis, denn man fährt zunächst entlang eines Baches mit kristallklarem Gletscherwasser und durch eine Landschaft aus unzähligen Grüntönen. Dann schlängelt man sich endlose Serpentinen hinauf und blickt in alle Richtungen auf mächtige Gletscher. Schlussendlich steht man auf 4950 Meter an einer Lagune und kommt dem Gletscher Huascarán so nahe, dass man das Gefühl hat, man könnte ihn fast berühren. Er wirkt so majestätisch und ist mit nahezu 6800 Meter immerhin der höchste Berg in Peru. Die Lagune scheint im Übrigen recht frisch zu sein, denn Lucky rutscht auf dem feuchten Gras aus und nimmt etwas unfreiwillig ein Vollbad. Die Tatsache, dass unsere Wasserratte blitzschnell wieder draußen ist, spricht eher dafür, dass es eisig kalt war.

Wir müssen auf dieser Höhe Gott sei Dank nicht übernachten und schlafen stattdessen idyllisch auf der Plaza im nahegelegenen Chacas. Das Bergdorf ist zwar winzig, aber es ist unheimlich malerischen und hat mit seinen wunderschönen geschnitzten Holzbalkonen fast ein italienisches Flair. Wir verbringen einen sehr netten Abend mit einem Salzburger, der mit einem Fahrrad von Cartagena bis Ushuaia fährt. Es sind so einige Overlander mit dem Fahrrad unterwegs in Südamerika und das sind unserer Meinung nach wahre Helden. Sich jeden Tag aufs Neue zu motivieren, die scheinbar nicht mehr enden wollenden Steigungen auf dieser Höhe hochzustrampeln und ständig Wind und Wetter, Hitze und Regen ausgesetzt zu sein, das ist eine großartige Leistung.

Ich werde sehr oft gefragt, wie wir denn mit der Höhe zurechtkämen. Ehrlich gesagt, hatten wir im Vorfeld auch etwas Sorge, wie wir uns fühlen werden, denn wir waren noch niemals über 3000 Meter und sind die extremen Höhen somit auch nicht gewohnt. Aber es geht uns selbst auf fast 5000 Metern immer noch erstaunlich gut. Das mag zum einen daran liegen, dass wir sehr langsam unterwegs sind und genügend Zeit zum Akklimatisieren haben.

Zum anderen befolgen wir einen Rat, den wir sowohl von anderen Reisenden als auch von Einheimischen bekommen haben, und trinken brav das Nationalgetränk Perus, nämlich Koka Tee. Koka ist für uns Europäer natürlich zunächst etwas befremdlich. Man denkt sofort an etwas Verbotenes, an Drogen, an Kokain und es mutet abschreckend an. Aber man muss wirklich keine Bedenken haben, man wird durch den Tee nicht zum Junkie, denn Koka Blätter machen nicht süchtig. Ganz im Gegenteil, sie sind im Grunde gesund, sind blutreinigend und die Verarbeitung von Koka Blättern zu Tee (wohlgemerkt nur zu Tee) wird sogar staatlich gefördert. Geschmacklich ist der Aufguss nicht wirklich ein Highlight, mit sehr viel Fantasie erinnert er an Grünen Tee, doch realistisch betrachtet schmeckt er wie aufgebrühtes Heu. Koka Tee erhöht jedoch die Aufnahme von Sauerstoff im Blut und somit bewahrt er uns vor Kopfschmerzen, Übelkeit und Schlafproblemen. Die meisten Peruaner vermischen Koka Blätter mit tierischer Asche, stopfen sich das Gemisch dann in die Backe oder kauen es, was geschmacklich sicherlich noch mal eine Steigerung in den Bäh-Bereich ist. Aber wie auch immer, die Koka Pflanze gilt im Inka Kult als heilig, weshalb der durchgekaute Blätterbatz auch niemals einfach so ausgespuckt wird. Man legt ihn fein säuberlich unter einen Stein und übergibt ihn so respektvoll wieder an Pachamama, also an Mutter Erde.

Zurück zu unserer Tour: wir fahren von den Anden wieder hinunter zur Küste und bewegen uns über die Panamericana südwärts Richtung Lima. Ich habe es ja schon anklingen lassen, aber die Küste ist wirklich absolut enttäuschend. Zu Lima selbst kann ich nichts sagen, denn wir ‚quälen' uns durch die Stadt lediglich hindurch. Die drei Stunden Stopp and Go Verkehr gemeinsam mit unzähligen Bussen, Taxis, Tuck Tucks und sonstigen zwei- bzw. vierbeinigen Verkehrsteilnehmern sind wahrlich kein Vergnügen.

Weiter geht es nach Nazca und von dort aus drei Tage lang über die Berge nach Cusco. Die Strecke ist wunderbar, wir fahren über ewig weite Hochplateaus mit türkisblauen Lagunen. Man sieht dort keine Menschenseele aber dafür überall Lamas und Alpakas, in den kleinen Dörfern finden wir stets eine hübsche Plaza als

Übernachtungsplatz und die lokalen Märkte bieten alles, was man braucht.

Die Einheimischen sind sehr liebenswert und dabei hat man uns eigentlich im Vorfeld gewarnt, wie unfreundlich die Peruaner wären. Man sei als Tourist vor allem in den Bergregionen nicht willkommen und müsse sich sehr vor der Polizei in Acht nehmen. Aus unserer Erfahrung sind diese Vorurteile ein ausgemachter Blödsinn. Wir haben bislang nur Positives erlebt, egal ob in den Bergen oder an der Küste und auch unabhängig davon, ob wir einem Polizisten oder einem ‚Normalsterblicher' begegnet sind. Die Peruaner sind sympathische, herzliche und gelassene Menschen.

Sie sind aber nicht nur extrem gelassen, sie wissen auch, wie man ausgelassen und ausgiebig Feste feiert. Kleine Feste sieht man eigentlich im ganzen Land, aber besonders deutlich wird es in Cusco. Es gibt ja Orte, von denen man behauptet, sie würden niemals schlafen. Über Cusco würde ich eher sagen, es hört niemals auf zu feiern. Wir verbringen eine ganze Woche in dieser wunderschönen Stadt und jeden Tag findet im Centro Historico ein anderes Fest statt. Das quirlige Treiben beginnt mit dem Stadtfest von Cusco und zum Leidwesen von Herrn Hund mit einem riesigen bunten Feuerwerk. Am nächsten Tag geht es mit Qoyllur Rit'i weiter, das ist ein traditioneller Andenritus. Dann folgt Corpus Christi und anschließend Inti Raymi, das Sonnenfest. Und jedes Mal sieht man prächtige Trachten, auf den Straßen wird ausgelassen getanzt, musiziert, gebrutzelt und gefuttert (am liebsten natürlich Meerschweinchen). Es ist eine wahre Explosion an Farben und Gerüchen. Die ganze Stadt ist ein einziger Menschenstrom und alles was sich schon oder noch bewegen kann, ist unterwegs. Verglichen mit diesen Festen sind unsere gut besuchten Weihnachtsmärkte homöopathisch kleine Veranstaltungen. Aber abgesehen von den kunterbunten Festen ist Cusco die schönste Stadt, die wir auf unserer Reise gesehen haben. Die sehr gut erhaltene Altstadt mit ihrer imposanten Plaza und der wunderbaren Kathedrale ist wirklich ein Traum. Wenn man durch die vielen kleinen Gassen des Centro Historico läuft, so atmet man überall die Kultur der Inka. Man findet zudem viele nette Restaurants, Cafés und sehr geschmackvolle Shops, die hochwertige Alpaka-Produkte anbieten.

Die Kombination aus den vielen unterschiedlichen Brauntönen der Häuser und den kräftigen Farben der peruanische Trachten sowie Tragetücher ist unbeschreiblich schön.

Wir genießen die Stadt sehr und beschließen, noch eine Weile zu bleiben. Von hier aus buchen wir organisierte eine Tour zum Machu Picchu. Das ist ein lang ersehnter Traum von uns, der zwar sicherlich von einem großen Menschenstrom begleitet wird, aber wir freuen uns schon riesig und ALLES WIRD GUT!

Machu Picchu. Ein Traum wird wahr

Machu Picchu ist für uns etwas ganz Besonderes und das nicht nur, weil es zu den 7 neuen Weltwundern gehört und UNESCO Weltkulturerbe ist. Um zu verstehen, weshalb es so ein Höhepunkt ist, muss man wissen, dass mein Mann seit 40 Jahren zwei Wünsche hat - einmal in seinem Leben am Machu Picchu zu stehen und einmal in den Titicacasee hineinpieseln. Der erste geht jetzt endlich in Erfüllung und in wenigen Wochen werden wir am Titicacasee sein, wobei wir uns bezüglich seines Wunsches auf ‚daneben' statt ‚hinein' geeinigt haben (im Alter wird man eben doch vernünftig).

Wie bereits andere Highlights besuchen wir auch Machu Picchu getrennt voneinander, denn einerseits sind Hunde dort völlig zu Recht verboten und andererseits ist es schwierig, unseren Flohbeutel einen ganzen Tag lang alleine zu lassen. Aber der Ablauf ist bei uns beiden der gleiche: wir werden kurz vor 4 Uhr morgens am Campingplatz abgeholt und mit einem Kleinbus zwei Stunden lang nach Ollantaytambo gefahren. Von dort aus geht es mit dem Zug weitere zwei Stunden nach Aquas Calientes. Wir haben Tickets für die ‚zweite Schicht' am Machu Picchu (heißt Eintritt ab 11 Uhr) und müssen deshalb etwas warten, bis wir mit dem Bus nach oben zum Eingangstor dürfen.

Ehrlich gesagt hatten wir im Vorfeld etwas Bedenken was die Touristenmassen anbelangt, denn ‚pro Schicht' werden an die 2500 Besucher auf das Areal hineingelassen. Aber es ist nicht so dramatisch wie es uns oftmals erzählt wurde und die Masse verläuft sich, sobald man mal drinnen ist. Zudem ist Machu Picchu tatsächlich so beeindruckend, dass man anderes bestaunt als die vielen Besucher. Und zu Staunen gibt es so einiges, denn dieser größte Mythos der Archäologie wurde im 15. Jahrhundert auf 2400 Metern Höhe im Tal des Rio Urubamba erbaut. Ganz genau weiß man es ja nicht, aber vermutlich war es ein religiöses und astronomisches Zentrum für Gelehrte, eine Art mittelalterlicher Unicampus sozusagen. Es ist absolut faszinierend, welches Wissen man dort hatte, denn die Priester in Machu Picchu konnten beispielsweise durch die astronomische Ausrichtung der Stadt die Sonnenwende berechnen und so den Beginn der Regen- sowie Trockenzeit vorhersagen. Wohlgemerkt war das zu einer Zeit, in der Amerika gerade mal entdeckt wurde. Auch die Art und Weise, wie die Mauern errichtet wurden, ist eine unglaublich perfekte Steinmetzkunst, die Jahrhunderte überdauert hat. Die Hausmauern neigen sich allesamt leicht nach innen, damit ihnen ein Erdbeben nichts anhaben kann.

Aber abgesehen von all der Kunstfertigkeit und dem Wissen, die eigentliche Faszination liegt in der Lage der Stadt. Wie kommt man darauf, auf dieser Höhe und in diesem abgeschiedenen Tal eine solche Anlage zu erbauen? Machu Picchu hat eine derart unglaublich mystische und beruhigende Ausstrahlung, dass sie sich nicht in Worte fassen lässt. Man steht dort oben einfach nur staunend da und selbst manch Japaner lässt da den Fotoapparat (zumindest für eine kurze Zeit) los. Daher ist es auch absolut verständlich, dass jeder, der nach Peru kommt, auch Machu Picchu sehen möchte. Der Ruf nach einer Beschränkung der Besucheranzahl ist aber mehr als berechtigt, denn die Umgebung von Machu Picchu senkt sich jedes Jahr um 12 Zentimeter ab und das ist heftig.

Nach der geführten Tour sind wir jeweils am späten Nachmittag dann ziemlich ausgehungert wieder zurück in Aquas Calientes und verbringen dort noch einige nette Stunden. Denn während sich die Touristenmassen in die unzähligen Pizzerias, Burger Läden, Grillstationen etc. drängen, finden wir einen lokalen Markt mit köstlichen peruanischen Essen. Ja, diese Mercados sind wirklich unsere große Leidenschaft. Am Abend geht es dann mit Zug und Bus retour und um 22 Uhr ist man schlussendlich am Campingplatz. Es ist ein langer 18 Stunden Tag und wir sind beide nach der Tour wirklich geschlaucht, aber es hat sich extrem gelohnt.

Als nächstes stehen der Colca Canyon und Arequipa am Programm. Von dort aus fahren wir weiter zum Titicacasee. Der zweite Wunsch soll ja auch noch in Erfüllung gehen und ALLES WIRD GUT!

Große Höhen, Panne und Kondore

Der Weg zum Canyon ist zwar landschaftlich wirklich traumhaft, aber für unseren Geschmack hätte er etwas weniger aufregend sein können. Das Übel beginnt bereits an einer Abzweigung, an der wir uns leider für die falsche Straße entscheiden und deshalb auf einer nicht mehr enden wollenden Staubpiste landen.

Eine Zeitlang ist solch eine Piste ja in Ordnung, aber irgendwann macht es echt keinen Spaß mehr, weil man das Gefühl hat, überhaupt nicht vom Fleck zu kommen und außer Staub nur Staub sieht. Spätestens am Nachmittag ist uns klar, dass wir unser geplantes Ziel bei Tageslicht nicht mehr erreichen werden. Gut was soll's, dann müssen wir halt neben der staubigen Piste einen Schlafplatz suchen. Der niedrigste, den wir finden, liegt leider auf 4200 Meter. Tagsüber macht uns die Höhe nichts aus, aber nachts ist sie wirklich unangenehm. Wir leiden die ganze Nacht an Kurzatmigkeit und können so gut wie nicht schlafen. Zudem wird es nachts auf so einem Bergplateau ganz schön frisch. In der Früh haben wir minus 8 Grad Außentemperatur und im Inneren nur noch ‚kuschlige' 6 Grad, brrr!

Auch Mr. Benz macht die Kälte zu schaffen und er springt nur mehr schwer an. Leider können wir den Motor ab 3300 Meter Höhe nicht mehr vorheizen und deshalb parken wir immer in Richtung Osten, damit er morgens möglichst bald und möglichst viel Sonne abbekommt. Gut, wir sind nach dieser Nacht ziemlich unausgeschlafen und völlig durchgefroren, aber zumindest Mr. Benz kommt nach etwas ‚Überzeugungsarbeit' brav in die Gänge. Alles fein? Nein, denn allzu weit kommen wir nicht: auf 4500 Meter hört er plötzlich auf zu schnurren, Motor aus und kein Pieps mehr. Na toll, eine Panne auf dieser Höhe, dazu ein eisiger Wind, der einen wie ein Wiener Schnitzel mit Staub paniert, natürlich kein Handyempfang und die nächsten 30 Kilometer keine Menschenseele, da kommt so richtig große Freude auf. Aber wollen wir mal nicht ganz undankbar sein, denn wir haben zumindest ein paar freundlich dreinblickende Lamas und eine traumhafte Kulisse für unser Elend.

Mein genialer Göttergatte hat den SEPA-Filter im Verdacht und macht sich auch gleich ans Austauschen. Er liegt mit seiner Vermutung Gott sei Dank richtig, aber damit ist es noch lange nicht getan. Es folgt mein Part, den ich ja schon vom Silvestervorabend aus Mexiko kenne. Also, rein in die Mechaniker-Wäsche (nein, der mir viel zu große Overall von meinem Mann ist gar nicht sexy), unter den Truck kriechen, dann in den dreckigen Radkasten quetschen und ewig lang Diesel pumpen, damit die Luft entweicht und wir nicht auch noch das Fahrerhaus kippen müssen. Die Aktion ist zwar erfolgreich, aber hinterher schauen wir nicht nur aus wie erbarmungswürdige eingestaubte Schweinchen, wir fühlen uns auch ebenso. Wir duschen zwar täglich warm in unserem Luxusdomizil (wofür wir übrigens von anderen Reisenden oftmals als ‚verweichlicht' und ‚verwöhnt' belächelt werden), aber wir haben ja ‚nur' 400 Liter Wasser und somit ist eine ewig lange Dusche halt nicht angebracht. Gott sei Dank gibt es Alternativen und deshalb fahren wir zu einer nahegelegenen Therme. Die vielen Thermalbecken sind für mich eher uninteressant, denn mir graut furchtbar vor so einem Wasser. Ich wittere darin gleich eine ganze Armada an Nagel-, Fuß- und sonstigen Pilze, aber ich freue mich auf die mehr als notwenige heiße Dusche. Diese entpuppt sich dann leider als sehr peruanisch, denn sie ist ein lauwarmes Tröpfchenbad aus Schwefelwasser. Das ist nicht gerade optimal zum Aufwärmen sowie zum Haare Waschen, aber wir sind zumindest sauber, auch wenn wir hinterher bisschen nach Streichhölzern riechen. In der Therme vertauscht jemand zu guter Letzt versehentlich den Schlüssel vom Kleiderkästchen meines Mannes, aber der nette Herr am Einlass erklärte ihm, es sei nicht schlimm und er könne problemlos an seine Sachen kommen, denn jeder Schlüssel sperre jedes Schloss auf. Ja, so flexibel und unkompliziert ist man in Südamerika.

Dann erreichen wir endlich den Colca Canyon. Er ist mit fast 3200 Metern nicht nur der zweittiefste Canyon der Welt (im Vergleich dazu ist der Grand Canyon ‚nur' 1800 Meter tief), sondern zudem dafür bekannt, dass man ungemein viele Kondore sehr nah zu sehen bekommt.

Die nächtlichen Temperaturen am Canyon sind einigermaßen erträglich und das Spektakel in der Früh wirklich sensationell. Wir sehen 20 bis 30 Kondore, die sich von der Thermik ohne einen einzigen Flügelschlag fast spielerisch treiben lassen. Es ist ein unbeschreibliches Gefühl, wenn so ein riesiger Vogel nur wenige Meter über einen hinwegfliegt und die Spannweite der Flügel ist so groß, dass sie einen riesigen Schatten über einem wirft. Gepaart mit der großen Anzahl an Kondoren ist das Schauspiel perfekt und erinnert an Alfred Hitchcocks Film ‚Die Vögel'.

Weiter geht es nach Arequipa. Man sagt, dies sei die schönste Stadt in Peru. Sie ist zwar zweifelsohne sehr schön, jedoch hat uns Cusco aus vielen Gründen wesentlich besser gefallen. In Arequipa dominiert die Farbe Weiß das Stadtbild, man sieht kaum traditionell gekleidete Frauen. Da wird nicht gefeiert, alles ist wesentlich moderner und hat viel weniger peruanisches Flair. Wir stehen zwar strategisch super günstig, weil nur zehn Minuten vom Zentrum entfernt, aber der Campingplatz ist dementsprechend laut und nicht gerade ideal für Herrn Hund. Wir werden mit der Stadt irgendwie nicht richtig warm, erledigen nochmals einen Großeinkauf und lassen Wäsche waschen. Dann machen wir uns zwei Tage lang über eine Hochebene mit vielen Lagunen auf den Weg Richtung Puno und dem Titicacasee.

Was wird uns von den sieben Wochen in Peru in Erinnerung bleiben? Das Land hat uns absolut begeistert, es ist unproblematisch zu bereisen, hat unglaublich viele kulturelle Highlights, traumhafte Landschaften, sehr liebenswerte Menschen sowie tolles Essen. Die Farbenpracht in Peru ist einfach einzigartig und unvergesslich. Der einzige Wermutstropfen ist das riesengroße Müllproblem, das Peru bedauerlicherweise unübersehbar hat. Aber solange es keine funktionierende Müllabfuhr gibt, bleibt der Dreck leider überall einfach liegen. Es stimmt dennoch sehr traurig, wie die wunderschöne Natur teilweise in Plastikmüll erstickt. Das ist so unendlich schade und es bleibt dem Land zu wünschen, dass man das Problem in den Griff bekommt.

Wir fahren nun zum Titicacasee und reisen als nächstes nach Bolivien ein. Bolivien ist das siebte Land auf unserer Reise, wir freuen uns darauf und ALLES WIRD GUT!

as Fiestas
el Cusco

GRILL
La
Retama

BOLIVIEN

La Paz. Eine Stadt voller Extreme

Wir haben wieder Glück und der Grenzübergang nach Bolivien ist völlig unproblematisch. Er zieht sich allerdings etwas in die Länge, denn wir kommen zehn Minuten vor der offenbar absolut heiligen Mittagspause zum Schlagbaum und da geht natürlich nichts mehr. Also heißt es für uns erst mal eine Stunde warten, aber als der bolivianische Zollbeamte mit sichtbar gut gefülltem Baucherl zurückkommt, fertigt er uns recht rasch ab, wirft nur einen kurzen Blick in das Fahrzeug und ignoriert unseren haarigen Banditen.

Um die ersten Dinge wie Geld und SIM Karten zu organisieren und zum Eingewöhnen stellen wir uns für einige Tage auf einen netten Platz etwas außerhalb von Copacabana direkt an den Titicacasee. Das Dörfchen ist wirklich entzückend und hat eine wunderschöne Kathedrale, an der jeden Tag Autos, Busse und Lkws geweiht werden. Wir wollten Mr. Benz die Weihe samt bunten Girlanden und Blumenschmuck eigentlich auch gönnen, aber es ist derart viel los, dass wir mit unserem Fahrzeug nicht mal in die Nähe des Priesters kommen und es somit leider nicht klappt. An dem besagten Tag möchten wir auch nicht zu viel Zeit vertun, denn schließlich steht noch die Fahrt mit der ‚Fähre' über den Titicacasee an. Wir haben im Vorfeld so einiges gehört, wie abenteuerlich dies sein soll und sind ehrlich gesagt dementsprechend nervös.

Der Anblick der Holzflosse ist ehrlich gesagt erst mal nur bedingt vertrauensstiftend, denn sie sehen aus wie kleine und zudem etwas stümperhaft zusammengenagelte Holzwannen. Aber wenn man sieht, dass all die großen Busse wie kleine bunte Entchen über den See schwimmen, dann schöpft man doch Hoffnung, man werde samt Lkw schon irgendwie an das andere Ufer gelangen. Im Endeffekt ist es dann auch nur halb so schlimm wie ursprünglich befürchtet, wir haben es sogar recht lustig, denn unser Fährmann hat einen großen Spaß an uns etwas exotischen Passagieren.

Auf der anderen Seite angekommen geht es für uns dann weiter entlang des Ufers des Titicacasees. Er ist so unglaublich groß, dass man oftmals wirklich denkt, man sei eher am Meer als an einem See. Im Hintergrund sieht man die schneebedeckten Gipfel der 6000er und dazu das azurblaue Wasser des Sees, es ist wirklich traumhaft. Mit dieser Kulisse tuckern wir eeewwwiiiggg lang dahin und machen viele Pipipausen (diese Anmerkung ist für alle diejenigen, die sich an dieser Stelle fragen, ob sich der zweite Wunsch meines Mannes erfüllt hat).

Der nächste Stopp ist La Paz, eine absolut verrückte Stadt voller Extreme. Bereits beim Hineinfahren hat man das Gefühl, sie sei eine einzige stehende Blechlawine, aber der Eindruck täuscht, denn diese Stadt ist mehr als ‚bewegt'.

La Paz ist der höchste Regierungssitz der Welt, die Luft ist hier wahrlich dünn, weshalb sich sogar zum Beispiel viele Fußballclubs weigern, auf dieser Höhe zu spielen. Innerhalb der Stadt selbst gibt es einen Höhenunterschied von fast 1000 Meter und um diesen zu überwinden gibt es mindestens so viele Treppen wie Straßen. So einen Ort auf eigene Faust zu erkunden, macht wenig Sinn und deshalb buchen wir (natürlich mal wieder getrennt voneinander) eine Tour mit Gert ‚the German guide'. Es wird eine super spannende zehnstündige Privatführung, die mit einer Gondelfahrt nach El Alto beginnt. Von hier oben hat man einen gigantischen Ausblick über diese unbeschreibliche Stadt und man versteht, weshalb die zehn Seilbahnen (übrigens made in Austria) für La Paz so wichtig sind. Eine U-Bahn durch die Stadt zu graben wäre ein völlig unmögliches Unterfangen, denn dann würde das gesamte Gebilde an verschachtelten Häusern und Gebäuden schlichtweg in sich zusammenbrechen.

Weiter geht es zum Hexenmarkt. Er zieht sich über eine kilometerlange Straße mit zahllosen Yatiris (Schamanen), und diese sind hier nicht nur eine absolute Institution, sondern buchstäblich für alles im Leben eines Bolivianers zuständig. Egal ob man ein Haus baut, ein Auto kauft, einen Vertrag abschließen möchte, einen Partner sucht oder selbigen loswerden möchte, man geht immer zuerst zum Yatiri. Der Schamane liest zunächst aus Koka Blättern heraus, welches Ritual bei dem anstehenden Problem geeignet ist und führt anschließend eine dementsprechende Zeremonie durch.

Um das gewünschte Ergebnis zu erzielen, kommt es stets auf die richtigen Opfergaben und die dazu passenden Utensilien an. Ein Lamafötus oder ein Lamababy sind hierbei besonders kostbarste Gaben und Lamafett gehört auf jeden Fall immer dazu. Weihrauch darf nicht fehlen, ebenso wie diverse und teilweise sehr ausgefallene Kräuter, Symbole aus Zucker, möglichst viele Kerzen (schwarze für Böses, rote für Gutes) und und und. Aus all dem wird schließlich ein kunterbunter Gabenteller zusammengestellt, der am Ende der Schamenensitzung verbrannt und Pachamama geopfert wird. In den kleinen Kämmerchen der Yatiris hängen meist auch christliche Symbole wie Kreuze oder Madonnenbilder an den Wänden, denn beides schließt sich offensichtlich gegenseitig nicht aus beziehungsweise lebt man ganz nach dem Motto ‚doppelt hält besser'.

Mit der nächsten Seilbahnlinie geht es anschließend hinunter ins Zentrum und alleine die Fahrt ist ein Wahnsinn, denn es gibt unendlich viel zu entdecken. Wie ein kleiner Voyeur sieht man von oben in all die Hinterhöfe hinein. Da wird gebrutzelt, Wäsche und Haare gewaschen oder Autos repariert. Man entdeckt ein verunfalltes Autowrack in einer Felsspalte, dann schwebt man über einen riesigen Friedhof mit seinen dreistöckigen Totenhäusern (übrigens muss man nach sechs Jahren sein Ruheplätzchen räumen, denn La Paz ist riesig und der Andrang dementsprechend groß) und schließlich landet man im Herzen der Stadt.

Der Hauptplatz von La Paz ist wie die Stadt selbst eine Ansammlung von Extremen. Der neue Präsidentenpalast klebt förmlich am alten und passt architektonisch überhaupt nicht zum Rest des Stadtbildes. Ein ehemals sicherlich wunderschönes Gebäude gegenüber des Präsidentenpalastes verfällt völlig, ein weiteres ist bereits zur Hälfte in sich zusammengefallen, die Zahlen auf der Uhr beim Parlament sind gegen den Uhrzeigersinn angebracht und die Fassade des Sitzes der Staatspolizei ist von oben bis unten mit Einschusslöchern übersäht. Ein Schmuckstück ist diese Plaza bei Gott nicht, aber irgendwie passt das chaotische Sammelsurium zu dieser Stadt. Ein richtiges Schmuckstück treffen wir dann aber noch auf der Plaza, nämlich eine Freundin von Gert und eine echte ‚Cholita'. Cholitas sind Frauen, die auch im Alltag mit großem Stolz die traditionelle Kleidung und die dazugehörigen Melonenhüte tragen. Sie erzählt mir, dass man etwa acht Meter Stoff für die Herstellung eines Chiolitarockes benötigt. Damit ist es aber noch nicht genug, denn darunter trägt man / Frau noch zwei Unterröcke, um ein möglichst schönes Volumen zu erzeugen. Wieder etwas gelernt: das Schönheitsideal der Bolivianer ist offensichtlich kein kleiner Knackpopo sondern eine mehr als ausladende Weiblichkeit und die Symbolik der Fruchtbarkeit steht hier über allem.

La Paz ist wirklich ein tolles Erlebnis, aber wir machen uns wieder auf den Weg, denn das Land hat so noch so viel zu bieten. Als nächstes fahren wir zum Salar de Uyuni. Bis dorthin liegen zwar noch einige Kilometer vor uns, aber nur keinen Stress und ALLES WIRD GUT!

Bolivianische Bettgeschichten

Auf unserem Weg zum Salar de Uyuni verbringen wir zwei Nächte in Ororu. Die Stadt hat außerhalb des Karnevals zwar nicht viel zu bieten, aber immerhin besitzt sie einen kleinen Flughafen und dessen Manager ein riesengroßes Herz. Als wir auf den Parkplatz fahren, kommt er aus dem Gebäude und bestaunt Mr. Benz mit großen Augen. Ich erzähle ihm ein wenig von unserer Reisegeschichte sowie von unserem Plan, in Ororu Öl zu wechseln und die Räder rotieren zu lassen. Er ist so unheimlich nett, dass ich vorsichtig anfrage, ob wir eventuell zwei Nächte auf dem Flughafengelände stehen dürften. Bei uns daheim undenkbar, aber hier kommt ein freudestrahlendes ‚claro, con mucho gusto'. So können wir in Ruhe alles erledigen, frieren zwar wieder extrem in der Nacht, aber dafür schlafen wir seelenruhig sowie bewacht vor der Abflughalle (es landen eh nur maximal zwei Maschinen am Tag) und vor der Weiterfahrt dürfen wir sogar noch Trinkwasser auftanken. DAS ist südamerikanische Herzlichkeit!

Unser nächster Stopp ist die Stadt Uyuni, sozusagen der ‚Eingang' zum Salar oder zum ‚weißen Meer' Boliviens. Der Ort ist alles andere als attraktiv und außer einem skurrilen Zugfriedhof gibt es dort rein gar nichts. Die Stadt besteht eigentlich nur aus Staub und dementsprechend grau und trist wirkt sie. Zudem weht permanent ein fieser, eisiger Wind. Tagsüber schon nicht besonders angenehm, aber nachts ist es noch um einiges unangenehmer, denn es wird so richtig bitter kalt und ich habe mein Leben lang noch niemals so gefroren wie hier.

Falls jemand nun etwa meint ‚typisch Püppi, mimimi' oder ‚Frauen sind halt immer so verfroren', dann möge er sich bitte folgendes bildlich vor Augen halten: wir sind BEIDE mit Ski Unterwäsche, den dicksten Socken, Wärmflasche, Wollmütze und zwei Decken ins Bett gehuscht. Es mag ja lustig klingen, wenn man in der vollen Montur eines verhinderten Wintersportlers schläft und der Bommel der Mütze das Einzige ist, was unter der Bettdecke noch hervorschaut. Aber wenn man in diesem lächerlichen Aufzug allerdings immer noch vor Kälte bibbert, dann ist das NICHT verfroren und auch NICHT lustig, meine Herren. Nein, das ist dann einfach nur grauslich kalt! Aber Spaß beiseite, solche Momente sind wirklich nicht schön und mir ist eher zum Heulen als zum Lachen zumute. Natürlich frage ich mich in diesen Situationen, weshalb ich mir das Ganze eigentlich antue. Ich könnte schließlich ja stattdessen in Wien pomadig auf der Couch vor dem Kaminfeuer liegen. Aber ich verfalle in solchen Umständen nicht mehr in eine Krise und möchte auch nicht mehr alles hinschmeißen. Ich weiß inzwischen, dass dies nun mal dazugehört und auch wieder vorbeigeht. Und Gott sei Dank vergisst man solche Momente genauso schnell wieder wie so manche dreckige oder laute Tankstelle, an der wir notgedrungen übernachten mussten.

Am nächsten Tag schaut die Welt wieder anders aus und der Salar entschädigt zudem auch für alles. Er liegt auf knapp 4000 Meter, er ist der höchste Salzsee der Welt und 12.000 km2 groß (also 17 Mal größer als der Bodensee), das sind die trockenen Fakten. Das Gefühl hingegen, auf dieser unendlichen Salzfläche zu stehen, lässt sich mit Worten ganz schwer beschreiben. Ich versuche es dennoch: alles um einen herum blendet unheimlich grell, weit und breit ist einfach kein Ende der weißen Fläche in Sicht, es herrscht absolute Stille, das grelle Weiß verschmilzt mit dem kräftigen Blau des Horizonts und bei jedem Schritt knirscht es unter einem wie Schnee. Das fühlt sich insgesamt alles sehr einzigartig und sehr bizarr an. Eigentlich hatten wir ja ursprünglich geplant, einen ganzen Tag und eine Nacht auf dem Salar zu verbringen, aber als wir Vorort ankommen, merken wir, dass dies keine allzu gute Idee ist. Wir wollen Luckys Augen nicht dem grellen Licht und seine Pfoten auch nicht dem scharfen Salz aussetzen und deshalb fahren wir nur ein Stück auf den See und gehen dann alleine zu Fuß hinaus. Unser Entschluss war im Nachhinein nicht nur für Lucky sondern vermutlich auch für Mr. Benz besser, denn obwohl das Salz stellenweise bis zu 17 Meter dick ist, sinken wir beim Gehen schon mit unserem Körpergewicht ein paar Mal kräftig ein und wir wiegen bei Gott ja keine 9,5 Tonnen wie unser Benz.

Auf dem Weg nach Sucre übernachten wir im einsamen Niemandsland und verbringen eine weitere kalte Wollmützen-Nacht.

Dazu muss man wissen, dass die meisten Dörfer in Bolivien weder asphaltiert sind noch eine nette kleine Plaza besitzen. Deshalb ist es besser, man bleibt außerhalb stehen und sucht sich ein Fleckchen, auf dem man nicht permanent eingestaubt wird.

In Sucre kommt dann endlich die nächtliche textile Erlösung. Wir sind wieder in angenehmen Temperaturen und auf einer erträgliche Höhe von 2800 Meter. Sucre ist zwar die Hauptstadt Boliviens, aber de facto hat man sie in ihrer Wichtigkeit komplett amputiert. Denn bis auf den obersten Gerichtshof sind alle entscheidenden Regierungseinrichtungen in La Paz angesiedelt und man erkennt daran auch, welchen Stellenwert die Justiz in Bolivien leider hat. Aber die Stadt an sich ist dennoch wunderschön und strotzt nur so von prächtigen weißen Kolonialbauten sowie begrünten Plätzen. Sie ist von der Atmosphäre her auch wesentlich entspannter als La Paz und hat fast ein andalusisches Flair.

Wir brechen dennoch bereits nach vier Tagen unsere Zelte ab, denn es wird uns hier zu eng. Stellplätze sind in Sucre sehr rar, mit einem Lkw kann man in der Stadt selbst unmöglich parken und es gibt nur zwei Campingplätze. Der eine befindet sich relativ weit außerhalb, der andere ist strategisch günstiger und in Gehweite vom Zentrum gelegen. Natürlich entscheiden wir uns für den zweiteren, aber er ist suboptimal, denn im Grunde ist es eher ein kleiner Garten als ein Camp. Schon das Hineinfahren ist ein 20 minütiges Rangierdrama und innen ist es dementsprechend beengt. Wir sind noch nie derart eingekeilt gestanden, fühlen uns deshalb nicht wirklich wohl und zudem ist auf dem Campingplatz die Touri-Seuche ausgebrochen. Der eine hat Fieber, dem anderen ist so richtig schlecht und mir ist mal wieder ein Zahn abgebrochen. Das ist definitiv kein guter Ort und deshalb fahren wir lieber weiter, ganz getreu unseres Mottos ALLES WIRD GUT!

Bye bye Bolivia

Leider sind momentan einige Straßen im Süden Boliviens durch Erdrutsche gesperrt und so können wir die Runde über die Jesuitenklöster nicht wie geplant fahren. Unsere weitere Route ist zwar wenig spannend aber dafür gemächlich.

Wir sehen uns zunächst die Ausgrabungen El Fuerte bei Samaipata an. Ein riesengroßes Areal mit präinkischen Felsruinen, das Machu Picchu Boliviens sozusagen und UNESCO Weltkulturerbe. Es ist ein nationales Denkmal, auf das die Einheimischen ungemein stolz sind. Die Anlage ist zwar durchaus schön, aber die Anfahrt ist mehr als abenteuerlich und meiner Ansicht nach wird etwas (zu) viel Wind um El Fuerte gemacht.

Der anschließende Weg nach Santa Cruz ist zwar anstrengend, aber wir haben wieder mal viel Glück. Durch die heftigen Regenfälle ist die Straße übersäht mit fiesen Löchern und tiefen Rillen. An manchen Stellen müssen wir ewig warten, bis Caterpillar den Weg von Geröll und Felsbrocken befreit haben und teilweise geht es nur noch einspurig weiter. Mr. Benz muss sich durch tiefen, ziegelroten Schlamm kämpfen, aber wir kommen immerhin noch durch. Am nächsten Tag geht nichts mehr und die Straße wird wegen zu vielen Erdrutschen gesperrt.

Die Stadt Santa Cruz hat bis auf eine schöne Plaza nichts wirklich Umwerfendes. Wir lassen es hier eher ‚ruhig' und ‚alltäglich' angehen. ‚Ruhig' weil mein Mann ein paar verdiente Ruhetage vom Fahren braucht und ‚alltäglich' weil ich mich um schnöde Dinge wie Wäschewaschen und Einkaufen kümmern kann und auch genügend Ruhe habe, Haarfarbe aufzutragen und einwirken zu lassen (ja meine Lieben, auch das gehört zum Leben auf Reisen dazu wenn man / Frau wie ich 40+ ist).

So frisch gewaschen, gefärbt und die Kisten voller Futter haben wir eigentlich nur noch Brasilien als nächstes Ziel vor Augen. Allerdings sind es bis zur Grenze immerhin noch 650 Kilometer und so eine Distanz ist für uns nicht gerade mal so ums Eck. Also heißt es fahren, schlafen, fahren, schlafen. Hört sich vielleicht fad an, ist es aber nicht, denn wir haben wieder Glück mit unseren Stellplätzen und finden jede Nacht eine hübsche Plaza zum Übernachten. Wir lieben solche Plätze ja heiß und innig, denn sie sind beleuchtet und somit sicher, es gibt immer was zu sehen und es ist auch immer bisschen quirlig. Man findet stets ein hübsches Kirchlein oder ein Kloster, der Hund hat genügend Grünflächen und meistens sind der lokale Markt und ein paar Geschäfte zum Einkaufen ganz in der Nähe. Reiseherz was willst du mehr!

Natürlich steht man auf einer Plaza ziemlich exponiert und wir sind mit unserem auffälligen Benz natürlich stets die Dorfattraktion schlechthin. Aber mittlerweile haben wir uns daran gewöhnt und es ist für uns völlig normal. Wir stören uns nicht mehr daran und genießen eher die netten Begegnungen. So auch in San José, denn am Abend hält ein Auto vor uns und ein junges Paar spricht uns auf Deutsch an. Sie stammt aus Vorarlberg und er aus Bayern, beide sind Zeugen Jehovas und missionieren hier in Bolivien Mennoniten. Eine wahre Aufgabe, denn im Südosten Boliviens gibt es unzählige Kolonien und ca. 60.000 Mennoniten. Wer glaubt, dass es in unserem Gespräch um Glaubensfragen geht, der irrt. Das Thema dreht sich vielmehr um gemeinsame Gelüste nach heimischen Schmankerln. Wie fein wäre doch so ein herrlich saftiges Leberkässemmerl, ein vernünftiges Schnitzerl oder einfach mal wieder eine gute Tafel Schokolade. Maaa, uns allen läuft das Wasser im Mund zusammen und mit knurrendem Magen wünschen wir uns gute Nacht.

Am nächsten Morgen auf dem Weg zum Geldautomaten höre ich plötzlich ein ‚Jooooohannaaaaa' hinter mir. Ich bin wirklich nicht besonders schreckhaft, aber da hat es mich so richtig gerissen. Als ich mich umdrehe, drückt mir das Mädel vom Vorabend eine Tafel Milka in die Hand, eine richtig gute, die sie aus Deutschland mitgebracht hat. Zuhause ist dies vielleicht nichts Besonderes oder nur eine ‚Kleinigkeit', aber auf Reisen ist dem nicht so. Ich glaube, ich habe mich seit meiner Kindheit nicht mehr so sehr über 100 Gramm Schokolade gefreut und da lebte ich immerhin im tiefsten Kommunismus mit Lebensmittelmarken.

Die letzten Tage in Bolivien verbringen wir in Aquas Calientes. Das Camp ist eine riesige Grünfläche mit unzähligen Palmen und noch mehr Tulcanen. Es liegt idyllisch an einem kristallklaren Fluss mit Badewannentemperatur, denn durch unterirdische Quellen ist das Wasser hier auf einem Abschnitt von drei Kilometern etwa 35 Grad warm. Im kalten Uyuni hätten wir ein Königreich dafür gegeben, aber jetzt freuen wir uns eher über eine kalte Dusche, weil momentan haben wir 38 Grad im Schatten. Wir haben das Camp fast für uns alleine und das absolute Highlight hier sind die herrlichen Massagen. Man liegt am Rand des Flusses im wadentiefen warmen Wasser und wird von tausenden kleinen Fischchen am ganzen Körper angeknabbert, ein Naturpeeling sozusagen. Zeitgleich wird man von einer Bolivianischen Mama richtig kräftig durchgeknetet. Und die Dame versteht ihr Handwerk, denn sie renkt mir ratzfatz meinen Hals wieder ein und somit kann ich wieder nach links zum Herrn Chauffeur schauen. Die letzten Tage hier in Bolivien sind absolut entspannend und herrlich zum Akklimatisieren.

Was wird uns von Bolivien in Erinnerung bleiben? Wir haben die Zeit in Bolivien sehr genossen und für uns wird es als Land ‚der Extreme' im Gedächtnis bleiben. Die verrückte und extreme Stadt La Paz, die wirklich extreme Kälte, die teilweise heftige Höhe, die unvorstellbare Anzahl an Straßenhunden und die äußerst liebenswerten Menschen. Bedauerlicherweise hat Bolivien so wie Peru ebenfalls ein großes Müllproblem. Dieses ist zwar nicht überall ‚extrem', aber leider fast im ganzen Land unübersehbar.

Der Aufenthalt in Aquas Calientes ist eine schöne Einstimmung auf Brasilien. Dort werden wir bald vermutlich genauso schwitzen, nur ist anzunehmen, dass im Pantanal zu den Temperaturen vermutlich noch Scharen an Moskitos und sonstige Tierchen dazukommen. Aber wie dem auch sei, ALLES WIRD GUT, wie immer halt!

SONRIE

BRASILIEN

Brasilien – es geht tierisch zur Sache

Der Grenzübertritt nach Brasilien, dem achten Land auf unserer Reise, ist definitiv der längste bislang. Wie immer brechen wir zwar sehr zeitig auf und es sind eigentlich nur 20 km nach Corumba, aber schon die Ausreise aus Bolivien zieht sich ewig in die Länge. Es stehen gefühlt zehn Busladungen vor uns an, allerdings ist nur ein einziger Schalter geöffnet. Tja, das dauert, bis man sich in der Hitze vorarbeitet und dann endlich den heißersehnten Stempel in den Pass bekommt. Gut, Stempelhürde ist also genommen, nur da kommt schon die nächste, nämlich der Import von Mr. Benz. Für den Fahrzeugimport nach Brasilien muss man sich erst online registrieren, die Formulare ausdrucken und etlichen Papierkram kopieren. Klingt erst mal nicht allzu dramatisch, allerdings gibt es an diesem klitzekleinen Grenzstreifen außer Staub eigentlich nur Staub und eine einzige (dafür sehr gut versteckte) Internetbude mit Drucker. Der Inhaber von diesem Kabuff ist nicht nur schlau, er ist auch ein moderner Raubritter, denn er verlangt 5 Dollar für die paar Zettel. Monopolisten haben halt einen klaren Vorteil. So bleibt uns auch nichts anderes übrig, als die überzogene Summe zu bezahlen. Siegessicher und mit allen Dokumenten bewaffnet stellen wir uns also an der brasilianischen Seite zum Stempeln an und freuen uns, dass es hier wesentlich rascher geht. Zu früh gefreut, denn es kommt die dritte Hürde. Der Zöllner teilt uns sehr entspannt mit, dass der für den Fahrzeugimport zuständige Beamte sonntags immer erst um 19 Uhr käme und es ist gerade mal 10 Uhr morgens. An einem trostlosen Grenzhäuschen neun Stunden in der Hitze zu warten ist wahrlich keine prickelnde Aussicht, aber in Südamerika gibt es wie immer eine Lösung. Der Zöllner bemerkt unsere Verzweiflung und schlägt uns vor, unregistriert in die Stadt Corumba zu fahren, etwas zu essen, ausgiebig Siesta zu machen und am Abend wiederzukommen. Das ist doch eine viel bessere Aussicht, alles klar, machen wir!

Der erste Eindruck in Corumba ist erst mal ‚wow', als wären wir in einer anderen Welt. Alles so ungewohnt gepflegt und pipifein sauber, viele nette Geschäfte, kein Chaos und die Autos sind in einem guten Zustand. Wir finden einen schönen großen Parkplatz am Hafen und freuen uns wie die kleinen Schneekönige, denn da lässt es sich sicherlich perfekt übernachten und die Anweisungen des Herrn Zöllners von wegen Siesta befolgen. So sollte man denken, aber das ist weit gefehlt, denn noch kennen wir die brasilianische Mentalität nicht. Kurz vor dem geplanten Mittagsschläfchen füllt sich der Parkplatz immer mehr mit Fahrzeugen. Sie kommen zwar alle aus unterschiedlichen Richtungen, aber dafür mit derselben Absicht angefahren, nämlich der, ‚lieber taub als bei der Sonntagsparty nicht dabei zu ein'. Das heißt, Türen und Kofferraum aufmachen, die Musik auf Anschlag drehen und sich mit Mate Tee vor das Auto setzen. Tja, da stehen wir also inmitten eines blechernen Klangeintopfs und verstehen im Fahrzeug unser eigenes Wort nicht mehr. Selbstredend, dass wir überpünktlich zur Grenze aufbrechen, nur bringt uns unsere Pünktlichkeit rein gar nichts, weil der zuständige Herr natürlich verspätet kommt. Irgendwann kurz vor 21 Uhr haben wir endlich alles erledigt und fahren zum Hafen zurück. Die Autos sind übrigens schon weg, aber stattdessen hat die Freiluftdisco gerade aufgesperrt und beschallt uns bis weit nach Mitternacht.

Dafür verläuft der erste Tag in Brasilien perfekt. Der übliche Anfangskram wie Geld besorgen und SIM Karten kaufen ist in Brasilien völlig unproblematisch. Zudem mache ich eine geniale Futterquelle ausfindig. Sie ist insofern ein Glücksgriff, als wir wochenlang von einem guten Stück Rindfleisch geträumt haben und es als Einstandsessen gleich herrliche Filetsteaks gibt. Der Parkplatz ist am Montag wie ausgestorben und Herr Lucky verliebt sich unsterblich in eine brasilianische Hafenschönheit. In seinem Hormonrausch ist er kaum ins Fahrzeug zu bekommen.

Von Corumba aus brechen wir ins südliche Pantanal auf. In der Regenzeit ist es vollständig überflutet und deshalb unpassierbar, aber jetzt in der Trockenperiode ist die beste Reisezeit, wenn man von der Hitze und den Massen an Moskitos absieht. Es gibt hier einen unglaublichen Reichtum an Tieren zu sehen, Wasserschweine, Nasenbären, kunterbunte Papageien und die höchste Krokodildichte der Welt, angeblich an die 32 Millionen Exemplare. Sie mit der Kamera einzufangen ist nicht so leicht, denn Mr. Benz ist schon aus der Ferne unüberhörbar und sie flüchten bei dem Brummen des Motors zurück ins Wasser. Aber sobald man zu Fuß unterwegs ist, entdeckt man wirklich viele Kaimane. Für uns ist es ganz witzig, nur Herr Hund findet es überhaupt nicht lustig. Er entdeckt zwar überall kleine Seen, die eine Erfrischung versprechen, aber seine Menschen lassen ihn trotz Bullenhitze nicht ins Wasser.

Auch beim Einstieg ins Pantanal steht uns wieder eine südamerikanische Hürde bevor. Um der Natur und den Tieren möglichst nahe zu kommen, nehmen wir eine staubige Piste und wollen mit einer Fähre über den Fluss übersetzen. Unterwegs treffen wir andere Reisende und sie erzählen uns, es sei alles problemlos und die Fähre sei auch groß genug für Lkws. Doch als wir nach einem halben Tag staubigem Gerüttel endlich bei der Fähre ankommen, heißt es, sie würde heute nicht fahren. Und morgen? Não, auch nicht. Übermorgen? Não, erst wieder in drei Tagen. Zugegeben, das ist so mitten in der Pampa wenig prickelnd, aber da hilft kein Fluchen, sondern nur eines, umdrehen und sich die gesamte Strecke durch Staub und Hitze wieder zurückkämpfen. Gut, ich gebe es zu, ein bisschen geschimpft haben wir schon, aber irgendwann haben wir wieder Asphalt unter den Rädern und fahren über Miranda nach Bonito.

In Bonito stehen wir auf einem wunderbaren Platz an einem Fluss mit drei Naturpools. Ein Paradies mit kristallklarem (und Gott sei Dank Piranha freiem) Wasser und zwei kleinen Wasserfällen für eine herrliche Nackenmassage. Zudem ist nichts los, nur ganz wenige Moskitos und noch weniger Menschen. So ein tolles Plätzchen muss man ein paar Tage lang auskosten, denn es ist prädestiniert für unser Motto: alles ist und ALLES WIRD GUT!

Fische, Flipflops und Fachwerkhäuser

Aus den geplanten ‚paar Tagen' in Bonito wird eine ganze Woche und wir drei machen so etwas wie ‚Urlaub vom Reisen'. Das Camp ist ruhig, sehr gepflegt und wirklich ein kleines Entspannungsparadies. Zudem ist das Städtchen mit dem Fahrrad gut zu erreichen und so gibt es jeden Tag neben einem Workout frisches Gebäck und den einen oder anderen klitzekleinen Abstecher in die kunterbunte Welt der Havaianas Flipflops. Die Campingplätze in Brasilien darf man sich übrigens nicht so vorstellen, wie man sie aus Europa kennt, also beengt, kleinkariert, voll mit Detlef Weißwaren Campern, dazugehörigem Geranienstöckchen und karierter Tischdecke, Satellitenschüssel und Wäschespinne. Hier ist es eine weite Wiese, viel Natur und Einsamkeit. In Bonito haben wir das Paradies auf Erden und die letzten Tage haben wir es sogar für uns alleine. Der Platz hat nur einen einzigen Schönheitsfehler, er hat keine Waschmaschine und deshalb fahren wir schweren Herzens weiter.

Das nächste Camp ist sehr ähnlich mit kristallklarem Naturpool im Dschungel, es geht nur wesentlich ‚tierischer' zu. Am Boden sind Vögel mit lustigen Kopffedern, im Wasser bunte Fische, in den Bäumen Totenkopfäffchen und in der Luft viele Biester. Moskitos und fiese, kleine schwarze Fliegen, die ein Stückchen Fleisch herausbeißen und einen dicken, juckenden Dippel verursachen. Das wäre ja eigentlich schon genug, aber wir holen uns offensichtlich beim Trocknen der Bettwäsche Zecken ins Fahrzeug. Es ist wirklich nicht besonders prickelnd, wenn man von oben bis unten ohnehin mit unzähligen roten Moskito-Pestbeulen übersäht ist und zudem in der Früh feststellt, dass man die ganze Nacht so einem blöden, brasilianischen Zeckenbiest als Delikatesse gedient hat. Wobei die Nationalität völlig wurscht ist, Zeck bleibt Zeck und ist einfach nur ungustiös sowie pfui!

Apropos Nationalität - Brasilien und die Brasilianer sind definitiv anders. Es gibt die von mir so heißgeliebten chaotischen Märkte nicht mehr, dafür sehr gut sortierte Supermärkte mit allem, was das

Herz begehrt (tolle Fleischqualität, Nutella und nach langer Zeit endlich wieder Mineralwasser mit Kugerl). Man sieht keine Frauen in ausladenden Röcken mit bunten Tragetüchern und Zöpfen mehr, stattdessen besteht die brasilianische Nationaltracht eher aus wallendem, offenen Haar, dazu Hotpants und Flipflops (ja meine Herren, oftmals eine wahre Augenweide!).

Am Straßenrand gibt es keine buntgeschmückten Kreuze mehr als Gedenken an die Unfallopfer, aber dafür auch überhaupt keinen Müll. Plötzlich finden sich keine Unmengen an Plastikflaschen, keine Autoreifen etc., alles ist sauber und gepflegt. Auch für Lucky ist es anders, denn es gibt so gut wie keine streunenden Straßenhunde, aber dafür bellen hinter jedem Gartenzaun mindestens fünf Fellnasen (eingezäunte Grundstücke haben wir übrigens auch schon lange nicht mehr gesehen). Und vor den Häusern bemerkt man eine weitere brasilianische Eigenheit. Die Menschen stehen oftmals an der Tür und klatschen. Man fragt sich natürlich wieso. Nein, sie spenden nicht der Architektur Applaus, sondern am Land haben brasilianische Häuser häufig keine Klingel und das Klatschen ersetzt quasi das Dingdong. Sieht für uns witzig aus, scheint aber zu funktionieren. Auch die Verständigung verläuft nun etwas anders. Die Brasilianer verstehen Spanisch ohne Probleme, nur veranlasst sie diese Tatsache leider zu glauben, dass ich ihr fröhliches portugiesisches Genuschel mit den vielen Sch-Lauten ebenfalls verstehe. Dem ist aber überhaupt nicht so und deshalb gleicht der Informationsaustausch eher einer Einbahnstraße bzw. einer Sackgasse. Aber im Grunde genommen ist das völlig egal, denn die Menschen sind unheimlich warmherzig und man hat irgendwie immer das Gefühl, von ihnen gleich adoptiert zu werden. Um die nicht mehr enden wollenden ‚Monologe‘ abzukürzen, bin ich dazu übergegangen, recht wissend zu nicken und mich mit einem lächelnden ‚tchau tchau' aus der Affäre zu ziehen. Zum Abschied gibt es oftmals ein Bussi links und rechts. Man wird kräftig an die Brust gedrückt und zwar völlig egal ob beim Metzger oder im Havaianas Shop (ok, ich war eine gute Kundin, aber daran lag es nicht). Berührungsängste sollte man in Brasilien also besser nicht haben.

Unser Weg führt uns weiter Richtung Joinville zur Küste, die auf diesem Abschnitt aber gelinde gesagt eher bescheiden ist. Das macht jedoch nichts, denn bei Dauerregenwetter sind Meer und Strand ohnehin nicht besonders prickelnd. Den nächsten längeren Stopp legen wir in Blumenau ein. Das Städtchen wurde 1850 als erste deutsche Siedlung im Itajai Tal gegründet und ist sehr hübsch, wenn auch etwas skurril. Mitten in Brasilien findet man sich plötzlich in einer norddeutschen Fachwerkhausromantik wieder. Viele Geschäfte und Straßen tragen deutsche Namen, es gibt eine ‚Wurststraße' voller Metzger und daneben die Villa Germanica als deutsches Vergnügungsviertel, das zugleich Zentrum vom heißbegehrten Oktoberfest ist. Man sieht diverse Trachtenausstatter, unzählige Restaurants mit deutscher Küche und hört auch viele Blumenauer perfekt Deutsch sprechen.

Der ausgleichenden Gerechtigkeit wegen (mein Ehemann ist ja Österreicher ist) fahren wir weiter zur Tiroler Kolonie nach Treze Trilias (Dreizehnlinden) und hoffen so sehr auf ein richtig gutes Schnitzerl oder Kasnocken oder eine Speckjause oder oder oder. Völlig egal, Hauptsache viel feines Futter und ALLES WIRD GUT!

Ein Naturweltwunder zum Abschluss

In Blumenau ging's uns ja schon richtig fein, aber das, was wir in Treze Trilias erleben, übertrifft alles Bisherige nochmals um Welten. Bereits am Ortseingang staunen wir nicht schlecht, denn wenn die vielen Palmen nicht wären, dann könnte man beschwören, man sei wirklich in Tirol. All die vielen Holzbalkone mit Geranienkästen, kleine Türmchen auf den Dächern samt dem obligatorischen Wetterhahn und auf vielen Hausfassaden sieht man den tiroler Adler.

Da leider Dauerregen vorhergesagt ist, ziehen wir es vor, im Ortsinneren am Privatparkplatz vom alteingesessenen Hotel Tirol zu stehen. Zugegeben, es war nicht nur wegen der schlechten Vorhersage, sondern weil wir auch gelesen haben, dass es dort eine hervorragende Küche gibt. Die Seniorchefin des Hotels stammt aus der Wildschönau, sie ist die Nichte von Andreas Thaler, dem Gründer des Ortes, und spricht so richtiges Tirolerisch. Als sie erfährt, dass die Familie meines Mannes ihre Wurzeln ebenfalls in der Wildschönau hat, da ist es ganz vorbei bzw. da geht es so richtig los. Mit einem Schlag sind wir so etwas wie Verwandtschaft und sitzen bei ihr am Stammtisch. Am nächsten Tag möchte sie wissen, was wir gegessen hätten und wie es uns geschmeckt habe. Was soll man denn dieser entzückenden Dame nur sagen? Naja, am besten die Wahrheit und diese ist, dass das Gulasch mit den Käsespätzle nicht nur ‚gut' war. Nein es war einfach ein Hammer, der Wahnsinn, das Paradies auf Erden bzw. auf dem rot-weiß-rot karierten Tischtuch. Und der Apfelstrudel hinterher war so köstlich, dass man sich am liebsten selbst darin eingerollt hätte. Tja, Wahrheit währt am längsten und bei den Tirolern wird sie auch noch belohnt. Es dauert keine fünf Minuten und wir haben einen riesigen Topf Gulasch, eine ebenso große Portion Käsespätzle und zudem einen ganzen Apfelstrudel auf unserer Lkw Treppe stehen. Wir sind sprachlos, aber Frau Thaler meint, dies sei doch nur eine ‚Kleinigkeit' zum Mitnehmen. Nachmittags geht es ebenso warmherzig weiter. Ich suche beim Veterinär um ein Gesundheitszeugnis für Lucky an. Die Verständigung ist zwar etwas schwierig, aber dass wir aus Österreich kommen, das versteht die Tierärztin. Sie umarmt mich kurzerhand und besteht darauf, dass das Zertifikat ein Geschenk sei. Am nächsten Morgen steht die Seniorchefin abermals bei uns am Fahrzeug und möchte, dass wir am reichhaltigen Hotelbuffet frühstücken, damit wir eine gescheite Unterlage zum Fahren hätten.

Bei so viel Gastfreundschaft blutet einem wirklich das Herz, aber wir müssen los. Statt dem Frühstück bekommen wir noch einen Karton voll Eier von den hauseigenen Hühnern und ein selbst besticktes Tuch geschenkt. Eigentlich fehlen mir da echt die Worte. Aber wenn ich Treze Trilias dennoch beschreiben soll, so ist es eine Kombination aus brasilianischer Herzlichkeit und tiroler Fütterungsdrang, denn man hat ständig ein volles Wamperl und wird kräftigst gedrückt.

Unsere letzte Station in Brasilien ist Foz do Iguaçu, wo wir eine Woche verbringen. Nein, nicht weil die Stadt etwa so spannend wäre, sondern weil das Wetter absolut bescheiden ist. Wir weigern uns partout, die Wasserfälle bei schlechtem Wetter zu besuchen. Zudem gilt es, die Ausreisepapiere für Lucky zu organisieren und das dauert. Der Papierkram ist ein ewiges Hickhack, aber am Ende haben wir alle gestempelten Zettelchen und zudem wieder Sonnenschein. Wir nutzen die Zeit auch für ‚Sinnvolles' und besichtigen den nahegelegenen Vogelpark, der sich wirklich lohnt.

Die eigentliche Attraktion im Ort, die Iguaçu Wasserfälle, sind wirklich eine Wucht und zählen zu Recht zu den sieben Naturweltwundern. Schon von weitem hört man das Tosen der Wassermassen und je näher man kommt, desto ergreifender wird es. Auf einer Länge von über 2,5 Kilometer stürzt von überall das Wasser herunter (es sind ja insgesamt 20 große und über 250 kleinere Wasserfälle) und man sieht unzählige Regenbogen. Das Einzige, das einen von dem imposanten Schauspiel ablenkt, sind die lästigen Selfie Sticks und die verfressenen Nasenbären. Wir wurden mehrfach gefragt, ob sie schöner seien als die Victoriafälle. Man kann es nicht beantworten und auch nicht vergleichen. Beide sind unglaublich schön, aber die Victoria Falls sind eher wie ein einziger riesengroßer Wasservorhang, während die Schönheit von Iguaçu im Zusammenspiel der vielen einzelnen Wasserfälle liegt.

Was wird uns von Brasilien in Erinnerung bleiben? Auch wenn wir ja leider nur einen kleinen Teil von Brasilien gesehen haben, so waren wir von dem Land dennoch sehr begeistert. Im Vergleich zu Peru und Bolivien wirkt Brasilien schon fast europäisch und ist wesentlich strukturierter sowie sehr gepflegt und sauber. Wie in ganz Südamerika trifft man überall auf freundliche und herzliche Menschen, aber die Brasilianer sind zudem ein ungemein fröhliches Volk. Es wird sehr viel gelächelt, gelacht und gebusselt. Die Fröhlichkeit ist richtig ansteckend, sie färbt ab und auch wir haben einen Dauergrinser im Gesicht, weil es einfach Spaß macht, in diesem Land zu sein.

Wir sind hier im Dreiländereck Brasilien, Argentinien und Paraguay. In ein paar Tagen steht unsere Ausreise nach Argentinien an und dann gilt es wieder, den Anfangskram wie Geld und SIM Karten zu besorgen. Aber wir freuen uns schon sehr auf das nächste Land und wissen schon jetzt ALLES WIRD GUT!

ARGENTINIEN UND CHILE

Holpriger Start in Argentinien

In Argentinien werden wir die meiste Zeit unserer Reise verbringen, aber der Start in unserem achten Land ist etwas holprig. Der Grenzübergang ist zunächst völlig unproblematisch. Allerdings müssen wir uns sehr am Riemen reißen, um nicht lauthals loszulachen, denn jedes Mal, wenn der arme Zöllner das Formular für den Fahrzeugimport im System fertig ausgefüllt hat, gibt es einen Stromausfall. Computer tot, Bildschirm schwarz, Formular wieder weg, Beamter haareraufend verzweifelt. Das Ganze passiert drei Mal hintereinander. Der gute Mann kann sich zudem das Passwort für das Programm nicht merken und muss jedes Mal aufs Neue seinen Chef zu Hilfe holen. Ich flüchte mich aus dem Gebäude, um ja keinen Lachkrampf zu bekommen, denn es ist zum Schießen und hat etwas von einem argentinischen Slapstick. Am Ende gibt es dann die Stempel für uns, ein Dokument für Mr. Benz, eine Einreisebestätigung für Lucky und gut ist's.

Alles fein, denn die Verständigung klappt wieder, die Menschen sind ebenfalls ungemein warmherzig, die Steaks sind noch traumhafter und dazu gibt es herrliche Rotweine. Aber jedes Land hat halt seine Eigenheiten, so auch Argentinien. Zum einen die Campingplätze, denn sie sind im Vergleich zum brasilianischen Preisniveau zwar sehr günstig, aber dafür gelinde gesagt ‚mehr als bescheiden'. Wir werden deshalb (bis auf zwei Tage in Salta) unsere gesamte Zeit in Argentinien nur frei stehen. Zum anderen haben wir hier ein Thema mit dem lieben Geld. An den Geldautomaten kann man zwar wie gewohnt mit der Kreditkarte Geld ziehen, aber man bekommt nur sehr geringe Beträge ausbezahlt und auf diese fallen jeweils 12 bis 14 Prozent Transaktionsgebühren an. Somit bleibt von dem kleinen Bisschen im Grunde genommen nur ein Häufchen Nichts. Gut, dann halt Wechselstuben und Dollar in Pesos umtauschen. Allerdings kommt auch da das große Aber, denn sobald eine Dollarnote nur den witzigsten Fleck, einen kleinen Einriss oder eine Kritzelei hat, wird sie nicht angenommen. Man achtet ja sonst nicht darauf, aber jetzt fällt uns auf, was sich so alles auf den Scheinchen befindet, nämlich allerhand Kritzelei,

Stempel, Notizen etc. Danke für all die Telefonnummern auf den Dollars, liebe Leute, aber wir werden nicht anrufen und können uns davon leider nichts kaufen. Allerdings gibt es eine etwas unkonventionelle Lösung, denn wir befinden uns momentan ja im Grenzgebiet zu Paraguay und es gibt hier überall Casinos. Mir sind sie egal, aber mein genialer Mann hat eine noch genialere Idee. Er tauscht die ‚schlechten' Krixikraxi-Dollars im Casino in Jetons um, verspielt den obligatorischen kleinen Einsatz am Roulette Tisch und tauscht anschließend die Jetons in ‚gute' Dollars zurück. Es funktioniert tadellos, Problem erkannt und spielerisch gebannt!

Apropos ‚Problem': auf dem Weg nach Salta meldete sich Mr. Benz mal wieder zu Wort, in seiner Sprache, nämlich ‚technisch ausfallend'. Der Überdruckbehälter vom Kühlwasser hat einen Riss und wir verlieren plötzlich ziemlich viel Flüssigkeit. Dass so ein Behälter nach 40 Jahren undicht wird, kann man ja nicht verübeln. Aber wieso passiert so etwas niemals unter der Woche und freundlicherweise in der Nähe einer klimatisierten und gut sortierten Shoppingmall, sondern immer nur an den ungünstigsten Orten und zu den ungünstigsten Zeiten? Wobei der Ort dieses Mal gar nicht so schlecht ist, denn wir sind zumindest in der Zivilisation, stehen am Stadtrand und in der Nähe einer Mercedes Werkstatt. Aber der Zeitpunkt, nämlich Samstagvormittag, ist denkbar ungünstig.

Die Herrschaften bei Mercedes haben absolut kein Interesse an uns bzw. an unserem alten Fahrzeug, aber dafür der überaus bemühte Mechaniker nebenan. Er wirft einen Blick auf die undichte Stelle und meint, er könne das Problem recht rasch beheben, allerdings erst ab Montagmorgen. Gut, was soll's, dann halt ein beherztes ‚Kruzifix Halleluja nochamal', Schlafplatz suchen und warten. Die vorbeifahrende Polizei bekommt unser Problem zufällig mit, bleibt stehen und bietet an, uns bis zur nächsten Tankstelle zu eskortieren. Die südamerikanische Freundlichkeit ist wirklich unglaublich und es ist sehr nett gemeint, aber wir lehnen dankend ab. So ein VIP Blaulicht Auftritt an einer Tankstelle inmitten der Truckfahrer kommt uns dann doch etwas übertrieben vor. Wir ‚checken' also ohne Begleitschutz bei der Shell Station ‚ein'. Nein, das ist wahrlich kein 5* Haus, aber wir wollen nicht undankbar sein, denn immerhin gibt es einen großen (wenn auch extrem staubigen)

Parkplatz, einen Shop mit WLAN und Wasser zum Auffüllen. Die in der Nacht permanent ankommenden oder abfahrenden Lkws überlebt man Dank Ohrstöpsel auch ganz gut. Montagmorgen wird der Behälter dann wie versprochen wirklich schnell repariert.

Weiter geht es zum Highlight der Provinz Misiones, den drei Jesuiten Reduktionen. Wir sehen uns die Ruinen in San Ignacio an, aber San Ana und Loreto lassen wir wegen strömendem Regen aus und machen lieber Meter Richtung Salta. Wenn man sich dieses Stück auf der Landkarte ansieht, so scheint es, als hätte jemand einen ewig langen Strich mit dem Lineal quer durchs Land gezogen. Und so ist es auch in der Realität: eine ziemlich monotone Fahrerei, ohne große Highlights geht es immer nur geradeaus.

Damit es uns aber nicht langweilig wird, sorgt Herr Hund für Action und legt sich in einem kleinen Dorf mit zwei sehr schlechtgelaunten Schäferhunden an. Das ist absolut keine gute Idee, denn er geht als Verlierer aus der Schlacht und trägt zwei ziemlich große, tiefe Bisswunden am Haxerl davon. Natürlich ist in dem Kaff weit und breit kein Tierarzt, der ihn nähen könnte. Also rasiere ich die Wunden aus, desinfiziere und verarztet die ‚Souvenirs' alle paar Stunden mit Antibiotikapuder. Zum Glück hat er ja einen aktiven Impfschutz gegen Tollwut und somit ist die größte Gefahr erst mal gebannt. Aber wenn der eigene Hund zitternd und blutend vor einem liegt, dann ist es alles andere als schön. Es wird auch leider nicht die letzte Situation auf unserer Reise sein, in der wir Lucky ohne Tierarzt helfen müssen. Jedoch gehört das ehrlicherweise dazu, wenn man mit einem Hund unterwegs ist und man ist wirklich gut beraten, sich für solche Fälle ein paar Tipps vom Tierarzt zu holen, sowie eine Reiseapotheke für den Flohbeutel mitzuführen. Aber egal ob mit oder ohne Hund an Bord, ich würde jedem Reisenden zu einer Tollwutimpfung raten, denn die Anzahl an Straßenhunden in Südamerika ist beachtlich. Meistens sind die Streuner freundlich oder harmlos und wenn nicht, so lassen sie sich durch lautes Anschreien oder Aufheben eines Steines vertreiben (bitte nicht werfen!). Trotzdem, Vorsicht ist bekanntlich die Mutter der Porzellankiste und man weiß ja nie.

Unser Bandit ist zwar sehr gut im Austeilen, aber dafür auch recht hart im Nehmen. Er verhält sich die nächsten Tage etwas kleinlaut und humpelt, aber kaum sind wieder Spielgefährten in der Nähe, vergisst er sein Wehwehchen und ist Gott sei Dank ganz der Alte.

Wir fahren weiter nach Salta und verbringen dort nur drei Tage. Es ist zwar ein nettes Städtchen mit vielen schönen Plätzen, aber der Campingplatz ist wirklich nicht gerade das Gelbe vom Ei. Wir fühlen uns nicht wohl und somit reicht es uns bald. Das Fahrzeug läuft, der Hund läuft auch wieder normal und so machen wir uns auf den Weg südwärts Richtung Cafayate. Nach der monotonen und kerzengeraden Strecke freuen wir uns auf die Berge und ein paar Kurven und ALLES WIRD GUT!

Auf der legendären Ruta 40

Zwei Wochen lang sind wir auf der legendären Ruta 40 unterwegs. Sie ist die berühmteste Straße Argentiniens, quasi das ‚Rückgrat der Nation' und führt über 4885 km von der bolivianischen Grenze bis nach Patagonien. Man bewegt sich stets an den Anden entlang und immer auf der gleichen Straße, ohne eine einzige Ampel. Oft sieht man stundenlang keine Menschenseele sondern nur die ewige Weite Argentiniens. Hört sich eintönig an? Nein, ist es absolut nicht! Die ersten 160 km nach Cachi sind eine sandige und teilweise heftige Piste. Es herrschen extrem heiße Temperaturen, man hat staubiges Wellblech unter den Reifen, fährt über einen 3000 Meter hohen Pass und durch einen wunderschönen Kakteen Nationalpark.

Cachi selbst ist ein kleines schnuckeliges Dorf mit einer hübschen Plaza und einer Kirche, deren Dachstuhl aus Kaktusholz gebaut ist. Es zieht Horden an Touristen an, die aber spätestens um 16 Uhr alle wieder brav in ihren Bus einsteigen und verschwinden. Dann ist Cachi wie ausgestorben und sehr idyllisch. Wir verbringen einen feinen Abend und eine ruhige Nacht in der Nähe des Dorfplatzes und fahren am nächsten Morgen weiter nach Cafayate, eine nette Kleinstadt und Zentrum des zweitwichtigsten Weinanbaugebietes Argentiniens. Die Weinberge hier liegen alle auf ca. 1800 Metern und gehören zu den höchstgelegenen der Welt. Selbstredend, dass es bei uns am Abend ein herrliches argentinisches Steak und ein feines Tröpfchen Rotwein gibt.

Unser nächstes Ziel ist Mendoza. Heißt für uns weitere 1000 km auf der Ruta 40 in Richtung Süden. Da die Campingplätze in Argentinien wirklich ‚bäh' sind, verbringen wir unsere Nächte fast immer an einer Plaza oder in einem städtischen Park. Egal ob im Baltikum oder hier, wir mögen solche Stellplätze wirklich sehr, denn es ist immer etwas los. Zugegeben, in Südamerika ist manchmal etwas arg viel los, denn diese Plazas sind der soziale Treffpunkt schlechthin und die Einheimischen sind sehr temperamentvoll sowie gesellig. Oftmals ist bis nach Mitternacht an Schlafen nicht zu denken, aber dafür kann man morgens beim Bäcker ofenwarmes Gebäck holen. Zudem finden wir an der Plaza häufig einen einsamen Wasserhahn zum Wasserbunkern.

Auch Herr Hund findet mittlerweile großen Gefallen an solchen Plätzen, manchmal nur leider zu viel wie in Chilecito. Seine Bisswunden sind zwischenzeitlich so gut wie verheilt und auf der Suche nach neuen Abenteuern beschließt der kleine Wilde eines Abends, die nähere Bekanntschaft einer Katze zu machen. Allerdings beruht die Begeisterung offensichtlich nicht ganz auf Gegenseitigkeit. Denn so schnell wie er abgehauen war, ist er auch wieder da und bringt ein aufgeschlitztes, blutendes Ohr als neues ‚Souvenir' von seinem Ausflug mit. Ich packe also wieder das Verbandsmaterial aus, desinfiziere und versuche, die Blutung zu stoppen. Aber das ist bei einem derart gut durchbluteten Organ wie einem Ohr nicht ganz so einfach. Damit uns ja nicht langweilig wird und wir eine abendfüllende Beschäftigung haben, schüttelt er sich im Fahrzeug ein paar Mal so richtig kräftig ab und verteilt im ganzen Innenraum gefühlte Millionen an klitzekleinen Blutströpfchen. Ja, da kommt wahre Freude auf, wenn man eigentlich hundemüde ist und nur ins Bett möchte, aber stattdessen die gesamte Kabine bis zur Decke hinauf und bis in jede kleine Ritze putzen darf. Aber gut, man kann ihm eh nicht lange böse sein. Die nächsten Tage ist er mal wieder ziemlich kleinlaut und macht einen großen Bogen um Katzen.

Angekommen in Mendoza findet das kleine ‚Schlitzohr' sein persönliches Paradies und damit zur gewohnten Lebendigkeit zurück. Da wir absolut keine Lust auf einen Campingplatz oder einen beengten Parkplatz haben, steuern wir den Park General San Martin an. Die Anlage ist eine über 400 Ha große Oase inmitten der Stadt mit einem See, einem Rosengarten, Palmenalleen, einem riesigen Altbaumbestand und unzähligen Rasenflächen. Kurzum ein wahres Eldorado für uns drei und wir parken uns erste Reihe fußfrei am See ein. Das war wohl etwas übertrieben, denn mitten in der Nacht weckt uns die Polizei auf. Sie eskortiert uns mit Blaulicht zu ihrer Polizeistation, wir mögen bitte hier (auf dem lauten und staubigen Platz) schlafen. Allerdings ist diese Aktion in keinster Weise eine Schikane. Mendoza hat leider keinen besonders guten Ruf und man ist schlichtweg besorgt um unsere Sicherheit.

Am nächsten Morgen führe ich mit den Herren ein kleines ‚Überzeugungsgespräch" und erzähle ihnen von unserer lebendigen Alarmanlage. Sie bieten mir nicht nur einen Kaffee an, sondern sie erlauben uns zudem, einige Tage im Park zu übernachten. Die einzige Bedingung ist, dass in der Nähe eines Springbrunnens und somit direkt unter der Überwachungskamera parken. Der Platz ist mindestens so wunderbar wie der erste und uns soll's recht sein, wenn man uns auf dem Monitor hat.

Mendozas Ruf ist absolut ungerechtfertigt, denn sie ist eine sehr angenehme und erstaunlich entspannte Stadt. Man findet zwar keine überwältigenden Highlights, denn Mendoza wurde vor 150 Jahren von einem Erdbeben fast völlig zerstört, aber die Stadt ist unheimlich grün und es gibt keine Straße, die nicht von Platanen eingesäumt wäre. Im Zentrum sind viele schöne Plazas, man kann wunderbar flanieren und Dank der zahlreichen italienischen Auswanderer gibt es überall nette Restaurants, Bars und kleine Cafés. Einen guten Kaffee habe ich mir auch redlich verdient, denn da wir in ein paar Tagen nach Chile ausreisen werden, stand mal wieder der Hunde-Papier-Marathon an. Aber hier in Mendoza ist das Prozedere halb so schlimm, denn zum einen lässt sich der Veterinär überreden, mir das erforderliche Gesundheitszeugnis ohne physische Untersuchung von Lucky zu geben. Es ist normalerweise kein Problem, mit dem Hund zum Tierarzt zu laufen, aber mit einem derart lädierten Kerlchen wollte ich nicht unbedingt vorstellig werden. Zum andren stellt mir die Dame bei der SENASA gegen einen kleinen Aufpreis die Dokumente innerhalb einer halben Stunde aus und das ist bislang absoluter Behördenrekord.

Die nächsten Tage haben wir nur einen Programmpunkt, nämlich essen, essen und nochmals essen. Der Kühlschrank sowie die Gefriertruhe gehören leergefuttert, denn die Einfuhrbestimmungen für Chile sind extrem streng und es wird an der Grenze penibel kontrolliert, ob man keine frischen Produkte, Früchte, Gemüse, Fleischerzeugnisse etc. mitführt. Es ist eine wahre Aufgabe, die Vorräte aufzubrauchen, aber Gott sei Dank haben wir einen dauerhungrigen Hund, der sich über argentinisches Fleisch mächtig freut. Somit werden wir es schon schaffen und ALLES WIRD GUT!

Explosives Chile

Ganz gemäß unserer Tradition haben wir wieder einen sehr ‚spannenden' Start in Chile. Zunächst die Einreise, bei vielen Reisenden ist sie ja wirklich gefürchtet, da die Kontrollen sehr streng sind. Das Fahrzeug wird oftmals komplett gefilzt und ein Hund an Bord macht die Sache nicht wirklich leichter. Auch wir sind etwas nervös, aber was soll's, Augen zu und durch!

Der Grenzübergang liegt auf einem Bergpass auf 2500 Meter Höhe und nachdem man uns weder bei den Lkws noch bei den Bussen einreisen lassen will, fahren wir mit unseren 9,5 Tonnen notgedrungen durch einen kleinen Tunnel in die Abfertigungshalle für Pkws. Es ist sehr viel los und an allen Abfertigungsstationen stehen lange Schlangen an. Aber zu unserem Glück qualmt und stinkt Mr. Benz bei der Höhe sowie den eisigen Temperaturen echt furchtbar und so wird für uns im Handumdrehen eine eigene Station aufgemacht, damit wir ja möglichst rasch den Motor abstellen (gleichzeitig wird wegen uns auch schnell die Entlüftungsanlage eingeschaltet). Die Formalitäten für uns und Mr. Benz sind rasch erledigt und dann kommt die gefürchtete Fahrzeuginspektion. Unsere Strategie ‚ich zeig Dir was ich hab und Du sagst, was erlaubt ist' geht voll auf. Bei der ‚geführten' Besichtigung der Kabine bekommen die drei Zollbeamten nur ‚Erlaubtes' zu Gesicht und nehmen uns lediglich fünf Chilischoten und eine Packung Rohschinken weg. Also alles halb so wild und nach nicht mal einer Stunde sind wir fertig.

Über 29 enge Serpentinen und einen wunderschönen Bergpass geht es weiter nach San Felipe, wo wir den Anfangskram wie Bargeld, SIM Karten und Einkäufe erledigen möchten. Allerdings leitet uns unser liebes Navigationsgerät mitten durch den super engen sowie von Ständen verbarrikadieren Sonntagsmarkt und plötzlich merken wir, wie die Menschen hektisch ihre Arme in die Höhe reißen. Erst mal nichts Ungewöhnliches, denn wir sind es ja zwischenzeitlich gewohnt, dass uns ständig zugewunken wird, aber diese Gestik hat dann doch eine Nuance zu viel Verzweiflung und

Entsetzen in sich und so bleiben wir etwas verdutzt stehen. Gott sei Dank und vor allem noch rechtzeitig, denn einen halben Meter weiter und wir hätten ein tiefhängendes Stromkabel abgerissen. Dann wäre wohl ein ganzer Straßenzug im Dunkeln gesessen und alle Tiefkühlpizzas wären aufgetaut. Aber statt auf uns böse zu sein, holen zwei Männer aus den Nachbarhäusern Besenstiele, heben das Kabel hoch und wünschen uns viel Glück für die Weiterfahrt. DAS ist Südamerika! Das Glück wird uns ein paar Kilometer weiter auch gleich zuteil, denn wir entdecken bei einem Park einen tollen Übernachtungsplatz und übersehen beim Rückwärtsrangieren vor lauter Freude einen Strommast aus Beton. Es gibt einen heftigen Rumpler und wir erschrecken ziemlich. Aber Mr. Benz hat nur eine kleine Beule am Fahrradträger und der blöde Mast genau nix. Zur Beruhigung veranstalten wir am Abend ein spannendes Match. Es treten zwei sehr edle Flaschengeister gegeneinander an. Argentinien gegen Chile, beide spielen in tief Rot und auf so hohem Niveau. Das Spiel endet unentschieden und wir fallen erleichtert ins Bett.

Von San Felipe fahren wir weiter nach Villa Baviera, einem wunderschönen Ort mit einer allerdings ziemlich dunklen Vergangenheit. Auf dem 30 km2 großen Areal haben in der ehemaligen Colonia Dignidad an die 300 Menschen 40 Jahre lang in einem schrecklichen System aus psychischer und physischer Gewalt gelebt. Die christliche Sekte wurde vom pädophilen Paul Schäfer angeführt. Dieser floh 1998 und es kam ‚zur großen ‚Wende', also zum Ende des Systems und zur Öffnung. Heute ist das Areal zugänglich und hat neben dem Hotelbetrieb eine Bäckerei, eine Wäscherei, eine Werkstatt mit sehr guten Mechanikern sowie eine feine Metzgerei, in der wir uns mit herrlichen Käsekrainern, Bratwürsten, Sauerkraut etc. eindecken. Wir stehen vier Tage lang auf einer Wiese inmitten von blühenden Apfelbäumen und haben das Glück, sehr viele Gespräche mit den ehemaligen ‚Colonias' führen zu können.

Der Aufenthalt ist emotional sehr bewegend und deshalb ist es wirklich schwer, das Erlebte in Worte zu fassen. Wir waren von den Geschichten sehr schockiert und zeitgleich sind wir voller Bewunderung, wie versöhnlich man mit der Vergangenheit und vor allem miteinander umgeht. Das System hat in den Menschen tiefe Spuren bzw. Schäden hinterlassen, aber es ist menschlich ganz groß, wie aufgeschlossen sie sich zeigen und wie positiv sie in die Zukunft blicken statt mit der Vergangenheit zu hadern.

Unser weiterer Weg führt uns durch eine wunderschöne Frühlingslandschaft nach Villarrica. Wir finden direkt am See einen tollen Übernachtungsplatz mit Blick auf den gleichnamigen Vulkan. Der rauchende Bursche ist nicht zu verachten, denn er brach zuletzt im Januar 2019 aus und ist der aktivste Vulkan in Chile. Nicht ganz so aktiv ist leider unser Laderegler für die Solaranlage. Trotz strahlendem Sonnenschein laden wir plötzlich nur noch recht wenig Strom. Uns ist klar, wir müssen wohl oder übel eine Zwangspause einlegen, aber das ist bei meiner ausgewachsenen Verkühlung ohnehin nicht schlecht.

Wir haben zunächst Glück und können beim Solartechniker um die Ecke den Regler bestellen, der innerhalb weniger Tage aus Santiago geliefert werden soll. Allerdings brechen zeitgleich mit der Bestellung Unruhen in Chile aus und statt der versprochenen Lieferung gibt es jeden Tag Proteste im Städtchen. Teilweise wird randaliert, Fensterscheiben zerschlagen und die Polizei muss die Menschen sogar mit Warnschüssen daran hindern, den Supermarkt zu plündern. Der Solar-Futzi hält uns erst mit Ausreden, dann einer Vogel Strauß Politik, später mit vertröstenden WhatsApp-Nachrichten und schließlich mit kreativen Unwahrheiten bei Laune. Aber nach sechs Tagen ist Schluss mit lustig und wir wollen unser Geld zurück. Mit unserem Ansinnen stoßen wir bei dem Solar-Menschen allerdings erst mal auf taube Ohren. Dass es kein schlechter Scherz sondern wirklich unser Ernst ist, versteht der gute Mann leider erst, als die Polizei bei ihm im Laden steht. Mit Unterstützung der Uniformierten lässt er sich dann doch ‚überzeugen', den Betrag wieder herauszurücken. Aber wir haben erneut Glück, denn ein Großhändler in der Provinz hat unseren Regler lagernd und so setze ich mich zwei Stunden in den Bus, besorge das gute Teil und alles ist wieder gut.

Wir fahren weiter auf dem Circuito de Siete Lagos (die Straße der sieben Seen). Die Strecke ist ein Traum und ein See wirklich schöner als der andere. Dennoch beschließen wir, das Land bald zu verlassen und nach Argentinien ausreisen, denn das abendliche Trommeln der Proteste ist auf Dauer dann doch etwas unangenehm. Zudem ist es an der Tagesordnung, dass die Demonstranten mit ihren Protestmärschen Straßen blockieren und es kostet Nerven, der ‚Prozession' stundenlang mit 3 km/h hinterherzufahren, da es keine Ausweichmöglichkeit gibt. Wir planen, weiter im Süden wieder nach Chile einzureisen, um Weihnachten in Ushuaia zu verbringen. In der Zwischenzeit werden sich die Unruhen hoffentlich wieder beruhigen haben. Aber bis dahin ist noch viel Zeit und wir sind wie immer der Überzeugung ALLES WIRD GUT!

Patagonien – schön aber etwas giftig

Die letzten Tage in Chile verbringen wir in Frutillar. Das kleine Städtchen mit seinen schnuckligen Holzhäusern liegt sehr idyllisch am See und hat ein hübsches Theater direkt am Wasser. Die Leiterin des Theaters ist Österreicherin und wir können problemlos einige Tage auf dem hauseigenen Parkplatz verbringen. Es schüttet pausenlos wie aus Kübeln und so faulenzen wir etwas. Wir haben ja nicht wirklich viel vor bis auf eines, nämlich die Gasflaschen im benachbarten Puerto Montt zu befüllen. Unser Programmpunkt fällt allerdings erst mal ins Wasser, nicht wegen dem Dauerregen, sondern weil die gesamte Stadt wegen Protesten abgeriegelt ist. Wir kommen somit nicht weit, aber durch Zufall und mit viel Glück finden wir eine Befüllungsstation am Rande von Puerto Montt. Eigentlich werden hier nur Taxis betankt, aber die Chilenen sind sehr hilfsbereit und machen für uns eine Ausnahme. Somit ist die warme Küche wieder für mindestens drei Monate gesichert.

Der Grenzübertritt zurück nach Argentinien ist bislang der längste und dauert insgesamt fünf Stunden. Aber nicht etwa, weil wir für die Abwicklung so lange brauchen, sondern weil wir bei der Aus- und Einreise jeweils eine gefühlte Ewigkeit vor der Grenze anstehen. Das ist der Tribut, wenn man als Tourist nicht weiß, dass ein langes Wochenende bevorsteht und man sich mit Hunderten anderen in der Schlange einreihen muss. Aber alles halb so schlimm, denn zwischen den zwei Grenzübergängen fährt man 40 Kilometer über einen wunderschönen Bergpass und zumindest Herr Hund wird mit einem ausgiebigen Bad im Schnee für die lange Wartezeit entschädigt.

Unser nächstes größeres Ziel ist Barriloche. Man sagt, die Gegend sei die ‚Argentinische Schweiz' weil sie Berge, Gebirgsseen und Fachwerkhäuser in sich vereint. Wir stehen auch sehr hübsch direkt am See in Barriloche, aber ganz ehrlich, der Hype ist meiner Ansicht nach völlig übertrieben, denn die Stadt ist nicht besonders beeindruckend. Zudem bläst so ein so starker Wind, dass es mich mit meinen Einkaufsackerln verweht und buchstäblich umhaut.

Willkommen in Patagonien, der extreme Wind wird ab jetzt zum ständigen Begleiter werden. Wir machen trotzdem das Beste daraus und nutzen die örtliche Infrastruktur, um das letzte Mal für diese Reise einen Ölwechsel machen zu lassen und die Räder zu rotieren.

Über El Bolson, einem einstigen Hippie Dorf, fahren wir in den Nationalpark Lago Puelo. Hunde sind im Park eigentlich (wie immer) verboten, aber da momentan keine Saison herrscht, ist die Rangerstation am Eingang unbesetzt und weit und breit ist keine Menschenseele zu sehen. Heißt, wir müssen nicht mal Eintritt zahlen und können Lucky unbehelligt hineinschmuggeln. Der Nationalpark ist ein Traum, ein türkisfarbener See reiht sich nach dem anderen und in jedem spiegeln sich die schneebedeckten Berggipfel der Anden wider. Es herrscht absolute Ruhe und endlich geht auch kein Wind mehr. Genau so haben wir uns Patagonien vorgestellt, so haben wir es uns gewünscht. Aber es kommt noch besser, denn wir entdecken auf einem Feldweg eine kleine Lichtung zum Übernachten. In solch einer Idylle zu schlafen bzw. am Morgen vor so einer Kulisse aufzustehen, das ist das Sahnehäubchen an unserem (zugegeben nicht immer bequemen) Leben im Mr. Benz.

Weiter geht es über Esquel nach Los Antiguos und es werden ein paar wirklich öde Fahrtage durch eine ziemlich trostlose Pampa. In Los Antiguos finden wir einen tollen Stellplatz direkt am Lago Buenos Aires, dem zweitgrößten See in Südamerika. Mal wieder Glück gehabt, das denken wir zumindest. Allerdings kommt es ganz anders und es wird ziemlich dramatisch. Am zweiten Abend frisst Lucky einen Giftköder und wäre uns deshalb fast verendet. Ich gehe nicht in die unschönen Details, aber es war wirklich ein Horror und während der Nacht ging es Lucky immer schlechter. Ein richtiger Alptraum, denn es war kein einziger Mensch in der Nähe und wir hatten zudem auch keinen Internetempfang, um recherchieren zu können, wo sich der nächste Tierarzt befindet. Da war einfach nichts, nothing, nada! Für uns war die Situation umso schlimmer, als wir zehn Wochen vor der Abreise nach Kanada unseren vorherigen Hund auch durch Gift verloren haben. Ich denke, man kann sich somit vorstellen, was wir durchmachen mussten. Aber zum Glück und Dank viel Aktivkohle überlebt Lucky diese schlimme Nacht und 36 Stunden später ist er ganz der Alte und wieder frech wie Oskar.

Wir bleiben noch zwei weitere Tage in Los Antiguos, lassen Wäsche waschen und erholen uns alle drei etwas von dem Schreck. Im Nachhinein erfahren wir von den Einheimischen, dass Giftköder hier in Patagonien leider an der Tagesordnung sind und dass sie vielerorts ausgelegt werden, um die Population an Straßenhunden einzudämmen. Ein mehr als fragwürdiges und sehr grausames Vorgehen. Lucky trägt ab sofort einen Maulkorb, somit kann uns so etwas nicht mehr passieren und ALLES WIRD GUT!

Viel Wind in und um Patagonien

Zwischen Los Antiguos und Fitz Roy gibt es keine Highlights und somit heißt es tagelang fahren, fahren, fahren. Mal mit starkem Rückenwind und mal mit heftigem Gegenwind, aber niemals ohne Wind.

Wind und Patagonien sind eine untrennbare Einheit, das ist bekannt. Aber solch ein Gebläse ist mehr als mühsam und mit ‚Wind' meine ich nicht ein ‚kleines Lüftchen', sondern Windstärken bis zu 130km/h. Unterwegs ist es teilweise derart stürmisch, dass mein Mann bei einer Pippipause samt der Tür aus dem Lkw fällt und dabei sogar das Scharnier ausbricht. Das Pieseln an sich ist bei diesen Stürmen übrigens auch weder einfach noch lustig, zumindest nicht für Frauen. Man kann dem Wind schlichtweg nicht entkommen, denn kaum flüchtet man sich ins Fahrzeuginnere, dann schaukelte Mr. Benz derart, dass man fast seekrank wird. Kurzum, also viel Wind in Patagonien.

Aber meiner Meinung nach wird auch etwas viel Wind ‚um' Patagonien gemacht. Das mag undankbar klingen. So ist es aber nicht gemeint, denn die einzelnen Hotspots sind zweifelsohne wunderschön und landschaftlich ist Patagonien wirklich traumhaft. Allerdings befindet sich zwischen den Highlights einfach nichts außer sehr viel öde Pampa sowie sehr viel Wind. Und ganz ehrlich, unsere Berge daheim sind auch nicht um so viel schlechter. Aber wir wollen ja bis ans Ende der Welt, damit gehören Pampa und Wind jetzt dazu. Also dick einpacken, Mütze auf und durch.

Unser nächster Stopp ist der kleine Ort El Chaltén. Der Stellplatz am Eingang des Nationalparks ist zwar nicht wahnsinnig umwerfend, aber strategisch sehr günstig, denn wir haben das regionale Highlight, den Fitz Roy, quasi direkt vor der Nase bzw. vor der Motorhaube.

Das Wetter am Fitz Roy ist jedoch sehr unberechenbar und man bekommt ihn in seiner ganzen Pracht und mit all seinen Zacken nur etwa 50 Tage im Jahr zu sehen. All die restliche Zeit versteckt er sich hinter Nebel und dicken Wolken. Auch wir sehen erst mal gar nichts, kommen bei Nieselregen (und natürlich stürmischem Wind) an und müssen drei Tage warten, bis sich das Wetter bessert. Es ist zwar ungemütlich aber dennoch recht kurzweilig, da wir hier zufällig Anja und Jan treffen. Herr Hund hat endlich wieder seinen Freund Emil zum Spielen und ich einen ausgiebigen Girls-Plausch im Café.

Als der Himmel dann endlich aufreißt, heißt es sofort ‚rein in die Wanderschuhe'. Die erste Tour führt zur Laguna Torre, ein schöner Marsch von insgesamt 24 Kilometern und sozusagen das Aufwärmtraining für die bevorstehende große Wanderung.

Während wir Damen auf die Hunde aufpassen und damit den wesentlich bequemeren Job haben, geht es für die Herren bei Königswetter dann hinauf zum Fitz Roy und der Laguna de los Tres. Eine Tour von insgesamt 30 km, wobei die letzten 1000 Meter einem Anstieg von 140 Stockwerken entsprechen. Selbstredend, dass bei der Steigung niemand mehr überholt. Es zwickt gehörig in den Wadeln und am nächsten Morgen bewegt man(n) sich nicht mehr ganz so grazil wie ein junger Adonis.

Bevor es nach El Clafate und den 60 km langen Lago Argentino weitergeht, gönnen wir uns noch eine zweitägige Verschnaufpause. Wir haben es ja nicht eilig, außerdem gehört die Wäsche gewaschen und die Wadeln ordentlich massiert und ALLES WIRD GUT (und hoffentlich windstill).

Ewiges Eis in Patagonien

In El Calafate finden wir in einer Seitenstraße ein zentrumsnahes und vor allem windgeschütztes Plätzchen. Eigentlich wollen wir ja nur schnell die Hundepapiere für Chile sowie ein paar Einkäufe erledigen. Aber dann stellen sich der Stellplatz als strategisch recht günstig und das Städtchen als sehr nett heraus und so bleiben wir fast eine Woche. Das absolute Highlight hier ist der Perito Moreno Nationalpark mit dem gleichnamigen Gletscher. Der Park gehört zum UNESCO Weltkulturerbe und bietet eine gewaltige Natur. Natürlich müssen wir ihm einen Besuch abstatten, allerdings wollen wir alle drei Gletscher sehen und das geht nur vom Wasser aus. Aber wie immer sind Hunde im Park und selbstverständlich auch am Schiff verboten und deshalb buchen wir unseren Ausflug an zwei darauffolgenden Tagen. Ehrlich gesagt bin ich erst mal sehr skeptisch was die organisierten Tourangebote anbelangt, denn ich befürchte eine Pensionisten-Kaffeefahrt, nur halt auf einem Katamaran statt in einem Bus. Aber meine Zweifel sind völlig unberechtigt und die Eindrücke einfach unvergesslich, obgleich so mancher ‚Spezialist' an Bord bereits um 10 Uhr morgens seinen zweiten Whisky ‚frühstückt‘ und in weiterer Whisky-Folge den Nachmittag verschläft.

Die Tour startet jeweils um 7 Uhr morgens, zunächst mit dem Bus zum Hafen Punta Bandera, dort geht es auf einen Katamaran. Es beginnt eine achtstündige Fahrt auf dem Wasser, zunächst zum Gletscher Spegazzini, anschließend zum Upsala und am Ende zum Perito Moreno. Allein die Bootsfahrt ist wirklich irre. Man schippert völlig einsam durch die Eiskanäle und durch eine absolute Ruhe hindurch. Der Katamaran schwimmt an riesigen Eisbergen vorbei, die eine Unzahl an Blautönen widerspiegeln. Man kommt sich im Vergleich zu ihnen winzig klein vor und es kommt fast ein bisschen Titanic Feeling auf. Man ist umgeben von einem traumhaften Bergpanorama und von Gletscherwasser, das durch die Sedimente ganz milchig ist und mit dem Sonnenlicht fast stündlich die Farbe wechselt. All das wirkt schon beinahe unwirklich, aber dann kommen zu diesem Szenario noch die gigantischen Gletscher als Highlight dazu.

Alle drei Gletscher gehören zum selben Campo de Hielo Sur, das mit 350 km Länge und 40 km Breite das größte Gletschergebiet Südamerikas ist. Aber alle drei sind völlig unterschiedlich: Spegazzini ist wunderschön und ‚bewegend', denn er fließt in allen möglichen Blautönen den Berg hinab. Upsala ist mit 500 km2 der größte unter ihnen. Aber Perito Moreno hat uns beide am meisten beeindruckt. Er ist zwar nur halb so groß wie Upsala, jedoch wirkt er wesentlich majestätischer, weil er sich mit all seinen hellblauen Zacken in den Lago Argentino förmlich ‚ergießt'. Eigentlich ‚frisst' er sich regelrecht in den See hinein und bewegt sich ganze zwei Meter pro Tag bis er irgendwann ans Land stößt. Dann wird der Druck im Gletscher so gewaltig, dass das Eis bricht und am Rand Tonnen an Eismassen hinabstürzen. Dieses Schauspiel muss mehr als spektakulär sein, es findet allerdings nur alle vier bis sechs Jahre statt. Wir haben zwar viel Zeit, nur sooo viel Zeit dann doch nicht. Aber auch ohne Kalbung ist es unbeschreiblich, mit dem Boot an der 14 Meter hohen Eismauer mit ihren unzähligen Blautönen vorbeizufahren. Sie ist einfach gewaltig, es ist dort totenstill und man kommt sich so klein wie eine Ameise vor.

Unsere Ausflüge verlaufen zwar sehr ähnlich, aber dennoch nicht gleich. Denn da ich die Tour nach meinem Mann mache, ist der Perito Moreno bereits um zwei Meter gewachsen. Mein Mann sieht die schöneren Eisbergformationen, dafür habe ich etwas besseres Wetter. Aber eines hatten wir gemeinsam, wir haben den Tag absolut genossen und sind sehr froh, dass wir die Gletscher vom Wasser aus gesehen haben. Der Tag war sicherlich ein Highlight vergleichbar mit den Nationalparks Yellow Stone oder Brice Canyon.

Wir machen uns wieder auf den Weg und bald steht wieder die Einreise nach Chile bevor. Dieses Mal werde ich die Chilischoten vor den Zöllnern besser verstecken, denn man bekommt sie hier im Süden einfach nicht und ohne Schötchen schmeckt das Curry enttäuschend fad. Aber wie immer gilt ALLES WIRD GUT!

Traumtag in Torres del Paine

Über den Grenzübertritt müssen wir selbst fast ungläubig staunen, denn innerhalb von 15 Minuten sind die Aus- und Einreise erledigt. Der Check des Wageninneren dauert nicht mal zwei Minuten. Die sehr sympathische und etwas mopsige chilenische Zöllnerin ist von unserer lichtdurchfluteten Kabine derart begeistert, dass sie nichts durchsucht. Ich händige ihr dennoch proaktiv drei Knoblauchzehen aus. Damit ist sie offensichtlich zufrieden und schreitet wie eine kleine Diva an der Hand meines Mannes unsere Treppe hinab. Das war's und fertig!

In Punta Arenas suchen wir uns ein Plätzchen etwas außerhalb an einem Sportzentrum, denn die Stadt ist ohnehin nicht besonders reizvoll und ganz ehrlich, lieber windgeschützt als mitten im Zentrum.

Etwas auf den Geschmack gekommen buchen wir auch hier eine organisierte Tour mit einer Reiseagentur zum Nationalpark Torres del Paine. Dieses Mal geht es mit einem Kleinbus (wegen Herrn Hund natürlich voneinander getrennt) in aller Herrgottsfrüh los und wir werden bis abends durch den Park kutschiert.

Torres del Paine ist mit 242.000 Hektar riesengroß und ein absolutes Highlight hier in Chile. Die vom Wind zerzauste Landschaft trifft auf steilaufragende Berge, die mit ihren grauen Spitzen aus Granit wie eine uneinnehmbare Felsenburg majestätisch in der Landschaft ruhen. Und den ganzen Tag lang wird es wirklich nicht langweilig, denn es gibt so viel zu entdecken. Bäume, die sich zusammengekrümmt gegen die Winde wehren, viel Grün, Wasserfälle und einen türkisblauen Gletschersee nach dem anderen. In einem von ihnen, dem Lago Grey, treiben dicke, weißblaue Eisblöcke im Wasser und vom Strand aus sieht man den Gletscher ins Wasser ‚fließen‘.

Der Nationalpark ist natürlich auch voller Tiere. Man sieht Kondore, Flamingos und viele Guanakos, die gerade Junge haben. Aber der absolute König des Parks ist der Puma und genießt hier besonderen Schutz. Allerdings schützt er sich selbst (zumindest tagsüber) auch vor den neugierigen Blicken der Touristen und man bekommt ihn somit kaum zu Gesicht.

Wir haben beide wieder einen tollen Tag, nur ist es umgekehrt als beim Ausflug in den Perito Moreno Nationalpark, denn mein Mann erwischt das wesentlich bessere Wetter. Ein ‚Genuss', den wir aber beide haben, ist der patagonische Wind. Er bläst im Nationalpark teilweise so heftig, dass sich fremde Menschen beim Überqueren der Hängebrücke wie Sumoringer ineinander verhaken, um besser auf die andere Seite zu kommen. Wenn man sich mit jemandem unterhält, so kann es durchaus passieren, dass man demjenigen ungewollt nahe kommt, weil man durch eine Windböe umgestoßen wird und dem anderen regelrecht in die Arme fliegt. Ja, auch so kann man neue Bekanntschaften schließen.

Wir werden Chile bald wieder verlassen, denn Weihnachten wollen wir in Ushuaia sein. Weit ist es nicht mehr und wer weiß, vielleicht haben wir ja sogar Rückenwind. Aber mit oder ohne Wind ALLES WIRD GUT!

Angekommen am Ende der Welt

Nach genau 570 Tagen und etwas mehr als 44.000 gefahrenen Kilometern haben wir es geschafft und sind endlich in Ushuaia, der südlichsten Stadt der Welt, angekommen.

Es ist knapp eine Woche vor Heiligabend, aber Weihnachtsstimmung kommt hier nicht so wirklich auf, denn es ist kalt, ungemütlich und es regnet in Strömen. Wir realisieren irgendwie auch noch gar nicht so richtig, dass wir das südlichste Ziel unserer Reise erreicht haben und dass vor uns eigentlich nur noch die Antarktis kommt. Wahrscheinlich brauchen wir noch ein bisschen, um es im Kopf zu 'behirnen'. Aber emotional ist es jetzt schon ein sehr bewegender Moment. Wir blicken zurück und staunen, wie unglaublich diese 570 Tage waren und wie viele Superlative wir erleben durften. Die längste Zeit am Stück gemeinsam rund um die Uhr verbracht und auf dem bislang kleinsten Raum gelebt. Noch niemals davor trotz täglicher Dusche so wenig Wasser (und übrigens auch Strom) verbraucht, noch nie derart gefroren und noch nie so oft pro Woche köstliche Steaks gegessen. Wir sind auf fast 5000 Metern Höhe gewesen, sind über den größten Salzsee der Welt gelaufen, mit der Fähre über das höchstgelegenen schiffbare Gewässer gefahren, haben Naturwunder und Weltkulturerbe besucht und stehen nun in der südlichsten Stadt der Welt ... einfach nur wow!

Vor zwei Jahren noch saßen wir pomadig in Wien mit diesem Traum vor Augen und nach 570 Tagen Leben außerhalb der Komfortzone sind wir jetzt tatsächlich angekommen. Natürlich muss man ehrlich zugeben, dass nicht jeder Tag traumhaft war, aber dennoch sind wir glücklich und dankbar, dass sich unser Traum erfüllt hat. Dankbar, dass wir unfallfrei durchgekommen sind, dass wir bis auf einen kleinen Magen-Darm-Geist niemals wirklich krank waren und dass uns Mr. Benz jeden Tag schnurrend und zuverlässig zum nächsten Platz gebracht hat. Wir sind dankbar, dass unsere Familien und Freunde so hinter uns stehen und uns mit Zuspruch und tatkräftiger Hilfe unterstützen. Dankbar, dass Herr

Hund den blöden Giftköder überlebt hat und dass wir auf der Reise sonst keine Probleme oder ungute Situationen hatten. Wir wurden weder beklaut, noch bedroht oder beschimpft. Ganz im Gegenteil, wir bekamen Geschenke, man bat uns Hilfe an und je nach Land und Region hat man uns Gottes Segen, gute Geister oder einfach nur Glück gewünscht. Wir sind dankbar für die Freundlichkeit und Herzlichkeit, die uns entgegengebracht wurde, und für all die schönen menschlichen Begegnungen. Sie haben uns bewiesen, dass die Menschen im Grunde genommen gut sind und dass man Misstrauen ablegen und Vertrauen haben kann.

‚Ushuaia' ist unter den Südamerika-Reisenden ja ein fast magisches Wort, denn jeder hat es als Ziel vor Augen. So hatte ich die Vorstellung, der Ort wäre ein wenig wie der Zieleinlauf beim Marathon und wir bekämen hier das Gefühl, ‚es geschafft zu haben'. Aber diese Emotion kommt bei uns ebenso wenig auf wie die Weihnachtsstimmung. Vielleicht hatte ich einfach eine falsche Erwartung. Ushuaia ist für uns zwar der südlichste Punkt unserer Reise aber noch lange nicht das Ende. Allerdings lassen hier alle ihre Reise etwas Revue passieren und auch uns wird eines sehr deutlich bewusst: all die Erlebnisse und Eindrücke unterwegs waren extrem bereichernd und die Erinnerungen kann uns niemand mehr nehmen. Die Reise ist ein riesiges Geschenk, das selbst unter den größten Weihnachtsbaum der Welt nicht passen würde!

Und dieses Gefühl der Zufriedenheit und Dankbarkeit ist fast schöner als Schnee zu Weihnachten. Wir freuen uns auf den Heiligen Abend und ALLES WIRD GUT!

Kaputtes Fenster und kleine Punks

Den Heiligen Abend verbringen wir recht idyllisch am Rande des südlichsten Golfplatzes der Welt. Wir haben traumhaftes Wetter und strahlenden Sonnenschein bis weit nach 22 Uhr. Auch wenn die Golfspieler so tun, als sei es ein ganz normaler Tag, so machen wir es uns im Inneren besonders gemütlich und feiern Weihnachten. Statt bunter Geschenke gibt es ein feines Essen (natürlich Steaks und zwar auch für Lucky) und ein schönes Fläschchen Rotwein. Ein unspektakulärer aber sehr schöner Abend mit einer kleinen Aufregung, zu der ich etwas später kommen werde.

Am nächsten Morgen starten wir los und machen auf dem Weg nach Norden Halt in einem Naturreservat, in dem eine Kolonie Königspinguine lebt. Diese Kerlchen sind wirklich witzig. Nicht nur, weil niemand so genau weiß, warum sie sich ausgerechnet hier angesiedelt haben (sie leben ja normalerweise in der Antarktis), sondern auch weil der Watschelgang bei ihrer Körpergröße von 1,40 Metern besonders drollig aussieht.

Anschließend bewältigen wir einen Grenzübertritt-Marathon. Innerhalb von 24 Stunden absolvieren wir die Ausreise aus Argentinien/Feuerland, die Einreise nach Chile, eine Fährenfahrt aufs Festland, die Ausreise aus Chile und schlussendlich die Einreise nach Argentinien/Patagonien. Aber die ganze Prozedur ist völlig unproblematisch und der Papier- und Stempelkram schnell erledigt. Die heiligen, scharfen Chilischötchen werden nicht entdeckt und selbst das geöffnete (und somit eigentlich unerlaubte) Hundefutter dürfen wir mit etwas ‚Wimpernklimper Mimimi‘ behalten.

Wir fahren die Küste weiter hinauf Richtung Norden und es stellt sich die Frage, wo wir den Jahreswechsel verbringen sollen. Daheim beschäftigt man sich ja eher damit, auf welche Party man geht, aber auf Reisen hat man solche ‚Probleme‘ nicht. Wir stellen keine besonders hohen Ansprüche und wollen es eigentlich ‚nur‘ möglichst ruhig haben (was zu Silvester ein doch recht hoher Anspruch ist), da sich unser haariger Zwickerkönig extrem vor Böllern fürchtet. Wir campieren in einem unscheinbaren, kleinen Dorf an der Uferpromenade eines Flusses und wie in Dinner for one (das wir uns natürlich ansehen) gibt es ‚the same procedure' wie bereits Weihnachten. Ein gemütliches feines Essen (jaaa natürlich Steak), ein Fläschchen Rotwein und strahlenden Sonnenschein bis in den späten Abend. Und dann? Nichts. Einfach gar nichts. Keine einzige Rakete, kein Gegröle und kein Geknalle. Einfach ein traumhaftes Nichts und ein völlig entspannter Herr Hund!

Wir bewegen uns weiter die Ostküste entlang Richtung Buenos Aires und man muss ehrlicherweise sagen, dass hier weder die Städte noch die Gegend besonders aufregend sind. Die Städtchen haben zwar meist eine nette Uferpromenade, an der es sich gut übernachten lässt, aber sonst gewinnen sie bei Gott keinen Schönheitspreis. Die Landschaft ist eine weitläufige Pampa, in der Flamingos, Nandus und Guanacos die einzige optische Abwechslung sind. Vielleicht sind wir zwischenzeitlich schon etwas verwöhnt, aber wir empfinden es als etwas ‚fad'.

Um dennoch ein wenig Aufregung in unser Leben zu bringen, hat mein Mann neuerdings ein besonderes Verhältnis zu unserem Küchenfenster entwickelt. Teil 1 der Story ereignet sich Heiligabend: wir wollen gerade zu einem abendlichen Spaziergang mit Lucky aufbrechen, als ich feststelle, dass noch zu viel Steakgeruch in der Luft hängt. Also lasse ich das Küchenfenster einen kleinen Spalt offen und ziehe nur das Fliegengitter zu. Als wir zurückkommen, lässt sich die Tür zur Kabine nicht mehr öffnen, weil der Schließriegel durch das Duschwasser offensichtlich etwas Rost angesetzt hat. Da standen wir nun wie der Ochs vorm Berg, ohne Einlass, ohne Schlüssel zu den Aussenklappen mit dem Werkzeug, mit einer wirklich vollen Blase und einer Leiter. Auf selbige muss mein Mann schließlich klettern, das Fliegengitter seitlich lösen und sich auf fast drei Meter Höhe durch das kleine Küchenfenster ins Auto quetschen. Gut, dass die staunenden Leute um uns herum wussten, dass es unser Fahrzeug ist, denn es sah schwer nach Einbruch aus. Zum Glück haben wir zumindest strahlenden Sonnenschein für die Kletteraktion, denn bei Regen wäre es wesentlich mühsamer. Kaum eine Woche später kommt Teil 2 der Küchenfenster-Story: es ist viel zu heiß zum Schlafen und deshalb lassen wir besagtes Küchenfenster nachts wieder einen Spalt offen. Der patagonische Wind sorgt aber nicht nur für Abkühlung, sondern legt plötzlich so stark zu, dass eine Windböe die Scheibe in die Höhe reißt und das Arretierungsgelenk kaputt ist. Da stehen wir also wieder wie der Ochs vorm Berg. Dieses Mal zwar nicht ohne Einlass, aber dafür mit einem nicht mehr verschließbaren Fenster, einem kräftigen Gebläse im Inneren und einem großen Fragezeichen im verschlafenen Gesicht. Mein Mann beschließt, uns nach dem Motto ‚und bist du nicht willig, so brauch ich Gewalt' zu retten und drückt das Fenster kräftig nach innen. Das Ende vom (Schlaf) Lied ist leider eine gebrochene Fensterscheibe. Gut, da stehen wir wieder, dieses Mal allerdings bei strömendem Regen, holen Werkzeug samt bewährter Leiter und dürfen das gesamte Fenster aus der Kabinenwand ausbauen, um die kaputte Scheibe auszutauschen. Zum Glück haben wir eine Ersatzscheibe dabei, aber eben nur eine und so ist es selbstredend, dass das Fenster ab jetzt wie ein rohes Ei behandelt wird.

Mit intaktem Fenster und geöltem Türschloss brechen wir nach Puerto Deseado auf. Von hier aus machen wir einen Ausflug auf die Pinguininsel. Diese Tour ist wirklich genial, denn zunächst kommt eine einstündige Bootsfahrt, bei der wir zeitweise ‚Begleitschutz' von acht Delfinen haben. Auf der Insel angekommen, begrüßen uns unzählige Seelöwen und Seeelefanten mit ihrem Gebrüll. Die Insel selbst ist nicht besonders groß. In ihrer Mitte steht ein idyllischer Leuchtturm aus dem 19. Jahrhundert, der die Insel förmlich in zwei Gebiete teilt. Der nördlichen Teil 'gehört' den Seelöwen, den Seeelefanten sowie den Magellan Pinguine. Auf dem südlichen Teil leben Felsenpinguine, die einzige Kolonie außerhalb der Antarktis. Diese Kerlchen sind total witzig und sehen mit ihren kurzen, abstehenden Kopffedern ein wenig aus wie kleine Punks aus. Ihre Augen sind feuerrot und durch die gelben 'Augenbrauen' haben sie einen ziemlich grimmigen Blick. Im Moment haben sie Junge und kümmern sich emsig um ihren flauschigen Nachwuchs. Dennoch kommt man ihnen sehr nah und wenn sie auf dem Weg zum Wasser sind, dann laufen sie einem fast über die Füße, da kennen sie nichts! Nicht nur die Größe der Kolonie ist beachtlich, sondern auch ihre Stimmgewalt und vor allem ihr Gestank. Woher dieser kommt, sieht man auf Schritt und Tritt und es ist ratsam, etwas Abstand zu halten, denn es passiert nicht selten, dass sich so ein kleiner Punk etwas nach vorne beugt, seinen Bürzel hebt und den Turnschuh ‚markiert'.

Von Puerto Deseado geht es weiter in den Norden Richtung Valdes. Es ist zwar gerade nicht die optimale Zeit, aber wir hoffen dennoch, dort einige Wale und Delfine beobachten können. Aber ob mit oder ohne Wale ALLES WIRD GUT!

Endspurt, Hochsaison und Krawallos

Aus unserem Plan, auf Valdes Wale und Delfine zu beobachten, wird leider nichts. Denn zum einen sind die guten Tiere momentan überall aber nicht vor Valdes und zum anderen herrscht an den Stränden Hundeverbot. Aber egal, die Küste bietet ja nicht nur Wale und Delfine sondern über hundert Kilometer lang Strände. Diese wären an und für sich wirklich sehr schön, allerdings ist momentan gerade Ferienzeit und Hochsaison in Argentinien. Der ganze Küstenabschnitt ist fully booked und überall sind Schilder aufgestellt, dass man mit einem Wohnmobil nicht parken darf. Auf unserer Reise durch Südamerika haben wir eigentlich gelernt, dass Schilder lediglich der optischen Bereicherungen dienen und sie eh niemand ernst nimmt. In der Hauptsaison ist aber alles offensichtlich anders und sie haben doch ihre Gültigkeit. So finden wir beispielsweise in Las Gruttas ein idyllisches Plätzchen an der Strandpromenade und übersehen eine von diesen unangenehmen Blechtafeln. Es dauert nicht lange und die Polizei klopft an unsere Tür. Mit viel Mimimi und Wimpernklimpern dürfen wir zwar eine Nacht bleiben, aber dann müssen wir uns wieder auf Herbergssuche machen. Kein leichtes Unterfangen, denn die Argentinier sind leidenschaftliche Camper und somit sind die Campingplätze zu Hauptsaison ebenfalls proppenvoll. Wir mögen Campingplätze ja ohnehin nicht besonders, aber dann auch noch so Sardinchen an Sardinchen eingepfercht zu stehen, ist schon gar nicht unser Ding. Allerdings wir haben mal wieder Glück, finden einen wilden sowie sehr schönen Strandabschnitt in der Nähe von Las Gruttas und stehen für einige Tage in den Dünen.

Weiter geht es nach Puerto Madryn. Dort flüchten wir uns erstmals auf unserer Reise auf einen bewachten Parkplatz. Aber auch hier müssen wir nach zwei Tagen abreisen. Die Stellplatzsuche gestaltet sich also als ungewohnt schwierig und zudem ist es nun auch richtig knackig heiß. 37 Grad im Schatten sind momentan eher normal. Das heißt allerdings für uns kuschlige 42 Grad in der Kabine und das ist dann schon abnorm.

Auf dem weiteren Weg durch die Hochsaison- und Hitzehölle erweist sich dann das Städtchen Viedma als absoluter Glücksgriff. Wir stellen uns in eine ruhige Seitenstraße, denn die Flusspromenade von Viedma ist zwar sehr hübsch, aber sie ist sehr stark befahren und uns somit zu laut. Kurzerhand packen wir unsere Sessel aus und setzen uns wie all die anderen Bewohner der Stadt auf die Wiese am Fluss in den Schatten und lassen dort stundenlang unsere Seele baumeln. Herr Hund ist natürlich mehr im Wasser als an Land. Man kann es ihm wirklich nicht verübeln, denn er leidet unter der Hitze mehr als wir. Aber Viedma ist nicht nur als Stellplatz eine Wohltat. Die Einwohner hier sind nochmals eine Spur herzlicher als es die Argentinier ohnehin schon sind. Unsere ‚Nachbarin' von vis à vis versorgt uns mit Tipps bezüglich einkaufen und bietet uns an, bei ihr unseren Wassertank aufzufüllen. Der Pfarrer von der Kirche nebenan lädt uns ein, uns in den schattigen Kirchenhof zu stellen und am Abend klopft eine junge Dame an die Türe und schenkt uns Eis, da uns doch sicherlich heiß sei. Die Freundlichkeit und die Wärme, mit denen man uns begegnet, sind einfach unglaublich.

Allerdings bietet sich uns hier auch die Chance, etwas von der Herzlichkeit zurück- bzw. weitergeben. Seit Wochen überlegen wir, was wir mit unserem Fahrrad am Heckträger machen sollen, denn wir möchten es nicht nach Hause mitverschiffen. An der Ecke ‚unserer' Straße in Viedma stehen junge Venezolaner, die bei jeder Ampelrotphase kleine akrobatische Kunststücke aufführen und auf ein paar Pesos von den vorbeifahrenden Autofahrern hoffen. Ein Bild, das man in Südamerika übrigens sehr häufig zu sehen bekommt. Die Flüchtlinge aus Venezuela haben es nicht leicht. Viele finden keinen Job und versuchen, sich an Straßenkreuzungen mit Breakdance, Jonglieren oder mit Putzen der Windschutzscheibe ein kleines Einkommen zu verdienen.

Ich spreche einen der jungen Männer an und frage ihn, ob er nicht ein Fahrrad bräuchte. Er ist zunächst etwas irritiert und geht aber dann doch mit mir mit zum Lkw. Als mein Mann den Drahtesel vom Heckträger abmontiert und ihm ‚in die Hand schiebt', ist die Freude groß. Der junge Mann kann es offensichtlich kaum fassen, stammelt ‚ich hab' jetzt wirklich ein Fahrrad', fällt uns um den Hals und es kullern einige Tränen. Es ist so schön zu sehen, wie sehr er sich freut, und ich heule vor Rührung gleich etwas mit.

Viedma ist zwar völlig unspektakulär, aber für uns ein sehr wohltuender Ort und so verbringen wir hier ganze fünf Tage. Das mag sich viel anhören, aber wir bleiben nun an guten Stellplätzen ganz bewusst länger stehen als bislang, denn wie gesagt ist es für uns derzeit wesentlich schwieriger etwas Ruhiges und Erlaubtes zu finden. Zudem müssen wir auch etwas ‚Zeit verplempern'. Nach Buenos Aires ist es nicht mehr allzu weit und wir haben ‚zu viel Zeit für zu wenige Kilometer'.

Auch auf dem nächsten Platz verbringen wir mehrere Tage. Wobei hier von ‚Zeit verplempern' keine Rede sein kann, denn im Erholungsgebiet an der Laguna la Salada finden wir ein wahres Paradies. Ein kleiner See mit unzähligen Flamingos, absolute Ruhe und viele schattenspendende Bäume. Wir haben einen ganzen Birkenhain für uns alleine. Herr Hund und ich liegen faul im Schatten und kuscheln lieber als uns zu bewegen. Der einzige, der arbeiten muss, ist mein armer Mann, denn Mr. Benz gehört noch ein letztes Mal für diese Reise abgeschmiert. Klar, von so viel Anstrengung müssen wir uns alle drei ausgiebig erholen und deshalb bleiben wir hier, bis uns das Wasser sowie das Futter ausgeht und der Berg an Schmutzwäsche bedrohlich groß wird.

Im nahegelegenen Necochea füllen wir unsere Vorräte wieder auf und machen die Bekanntschaft von einer weiteren Eigenheit der Ferienzeit, nämlich den ‚Krawallos'. So nenne ich die Horden an Jugendlichen, die ihre halb auseinanderfallenden Autos mit bis zum Anschlag aufgedrehten Stereoanlagen zwischen 2 und 5 Uhr morgens neben unserem Fahrzeug parken und uns beschallen. Aber bei der Lautstärke ist es eigentlich ohnehin egal, ob sie direkt neben uns oder einen halben Kilometer weiter stehen. Man würde das Dröhnen trotzdem hören und an Schlaf ist da nicht zu denken. Drei Mal hintereinander stehen wir mitten in der Nacht auf, packen alles zusammen und suchen das Weite. Es ist wahrlich nicht lustig, in der Dunkelheit einen neuen Platz zu suchen und es schlaucht. Aber es hilft nichts und mein Schlaf ist mir heilig.

In Tandil hoffen wir auf etwas mehr nächtliche Ruhe und stellen uns am Stausee auf den Parkplatz eines Schwimmbades. Doch auch hier vertreiben uns wieder die ‚Krawallos' und wir flüchten uns ziemlich verzweifelt auf eine nahegelegene Wiese. Die Nachbarn der umliegenden Häuser staunen nicht schlecht, als sie am nächsten Morgen unseren Lkw mitten auf der Wiese entdecken. Doch statt uns davonzujagen, heißen sie uns willkommen. Wir dürfen nicht nur bleiben, sondern bekommen sogar das Angebot, ihren Pool zu benutzen. Zum Abkühlen gehen wir zwar ins Schwimmbad, aber wir bleiben auf der einsamen Wiese stehen und schlafen wieder wie die Babys. Naja, nicht ganz, denn Herr Hund zieht sich eines Nachts selbst eine Kralle, weckt uns wimmernd vor Schmerzen auf und es ist schon wieder mal vorbei mit der Nachtruhe. Dieses Drama hätten wir zum Abschluss der Reise wirklich nicht mehr gebraucht. Wir fahren zum nächsten Tierarzt, lassen die Pfote versorgen, er bekommt Schmerzmittel und Antibiotika. Wir können nur hoffen, dass er in zwei Wochen für den Heimflug wieder fit ist.

Über Azul geht es nun weiter nach Buenos Aires. Wir planen, Mr. Benz für 11 Tage unterzustellen und in eine Wohnung zu ziehen. Es steht zwar abermals das bürokratische Tamtam rund um die Hundepapiere an und es wird sicherlich knackig heiß, aber wir freuen uns schon sehr auf die Stadt und ALLES WIRD GUT!

Letzte Station Buenos Aires

Wir machen uns von Tandil relativ zügig und ohne spannende Zwischenstopps auf den Weg nach Buenos Aires. Der Stellplatz für Mr. Benz liegt im Norden der Stadt, das heißt, wir müssen uns durch die ganze Stadt quälen. Da wir vor dem Verkehr in Großstädten immer etwas Respekt haben, ist der Plan, Buenos Aires an einem Sonntag zu durchqueren. Die Entscheidung ist goldrichtig, denn wir haben freie Fahrt und es ist so gut wie nichts los auf den Straßen. Der einzige Nachteil an unserem Plan ist die Tatsache, dass der Stellplatz am Wochenende geschlossen und somit nicht zugänglich ist. Man mag es nicht glauben, aber wir haben das Glück bis zuletzt mit an Bord. Denn als wir an dem Camp vorbeifahren, bleibt ein Fahrzeug stehen und ein freundlicher Herr fragt uns, ob er uns helfen könne. Es stellt sich heraus, es ist der Bruder des Besitzers, er hat einen Schlüssel für das Einfahrtstor und lässt uns hinein. Ein wahrer Glücksfalls, denn so haben wir alle Zeit der Welt, um in Ruhe unsere Sachen zu packen und Mr. Benz für die Verschiffung vorzubereiten.

Am nächsten Tag fährt uns der Camp Besitzer zu unserem Apartment in Buenos Aires und wir haben wieder das Gefühl, das Glück für uns gepachtet zu haben. Die Maisonett Wohnung ist an sich schon wirklich schnucklig, aber abgesehen davon bietet sie uns noch so einige Vorteile: Sie liegt in Puerto Madero und somit in Fußweite vom Zentrum. Es gibt einen Balkon, auf dem wir gemütlich frühstücken und unseren Sundowner genießen können. Sie ist klimatisiert und zudem gibt es zwei Pools in der Anlage. So können wir der Hitze in Buenos Aires etwas entkommen. Wir sind umgeben von einem riesigen Park und Herr Hund hat dadurch ein wahres Paradies vor der Nase. Zwei Straßen weiter gibt es einen toll sortierten Supermarkt und zahlreiche Restaurants und wir können sowohl den Kühlschrank als auch das Baucherl füllen.

Wir fühlen uns in Puerto Madera unheimlich wohl. Dieses alte Hafenviertel wurde sehr geschmackvoll modernisiert und erinnert durch die Docks, die ziegelroten Bauten und den Kanal etwas an die Speicherstadt in Hamburg. Ganze elf Tage haben wir Zeit, die Stadt in aller Ruhe zu erkunden. Da es wirklich knackig heiß ist, reichen drei oder vier Stunden pro Tag. Wir teilen uns auf und der einer geht vormittags, der andere nachmittags. Wir erkunden San Telmo, La Bocca und entdecken so manches Highlights wie den wunderschönen Friedhof oder ein zum Buchladen umgebautes Theater. Die Stadt ist wirklich ein Traum, sehr sauber und gepflegt, sehr grün, sehr entspannt und sehr vielfältig. Mein absolutes Highlight erlebe ich am Sonntagabend auf der Plaza Dorrego. Hier findet jede Woche die älteste Milonga von Buenos Aires statt und mein Tangoherz ist am Hüpfen. Abgesehen von der entzückenden Location ist die Stimmung wunderschön – die Einheimischen tanzen zu sehr traditioneller Musik, Jung und Alt vermischt sich, es gibt kein großes Tamtam und alles ist sehr unprätentiös. Für mich persönlich ist dies einer der schönsten und unvergesslichsten Momente in Buenos Aires.

Unsere Gemütlichkeit wird allerdings ziemlich jäh unterbrochen, als mein Mann einen Anruf aus Uruguay erhält und man ihm mitteilt, dass er spätestens in 48 Stunden in Montevideo sein müsse. Denn nächste Woche habe der Zoll wegen Karneval geschlossen und eine Abfertigung des Fahrzeuges wäre nicht mehr möglich. Die Information ist etwas kurzfristig, aber besser spät als nie. Mein Mann reist somit ziemlich überstürzt ab und ich verbringe die letzten zwei Tage alleine mit Lucky in Buenos Aires. Das ist an und für sich alles kein großes Problem, nur die Anreise zum Flughafen ist dann doch etwas mühsam. Wenn man bei 40 Grad alleine eine riesige Flugbox, eine Tasche mit dem zulässigen Maximalgewicht und einen hibbeligen Hund unter einen Hut bringen muss, dann kommt man auch ohne Hitze gehörig ins Schwitzen. Am Flughafen ist so einiges los und spätestens jetzt wünsche ich mir, mehr als zwei Hände zu besitzen. Ich muss die Flugbox zusammenbauen und gleichzeitig die Tasche sowie Lucky im Auge behalten, dem bereits Böses schwant und der natürlich alles und jeden verbellt. Der Check In und die Übergabe von Lucky ziehen sich leider ewig hin. So langsam leidet mein Nervenkostüm, zumal Herr Hund die gesamte Abflughalle mit lautstarkem Gebel ‚unterhält'. Als er abtransportiert wird, fließen bei mir ehrlich gesagt so einige Tränen, denn der arme Kerl versteht die Welt nicht mehr und ist nun für 20 Stunden in der Box eingesperrt. Der Flug verläuft Gott sei Dank recht ruhig und der Umstieg in Frankfurt klappt auch problemlos. In Wien erlebe ich dann nochmals eine kleine Schrecksekunde, denn Lucky ist zunächst nicht auffindbar. Offensichtlich hat man übersehen, die Box bei der Ankunft zu scannen und ich warte eine geschlagene halbe Stunde beim Sondergepäck, bis er dann doch auftaucht. Ich weiß nicht, worüber er sich in dem Moment mehr gefreut hat – mich zu sehen oder endlich raus zu dürfen. Zuhause angekommen, hat sich das kleine Kerlchen sofort auf sein Bettchen gestürzt, sich ausgiebig darin gewuselt und die Welt war wieder in Ordnung, ganz nach unserem bewährten Motto ALLES ist und WIRD GUT!

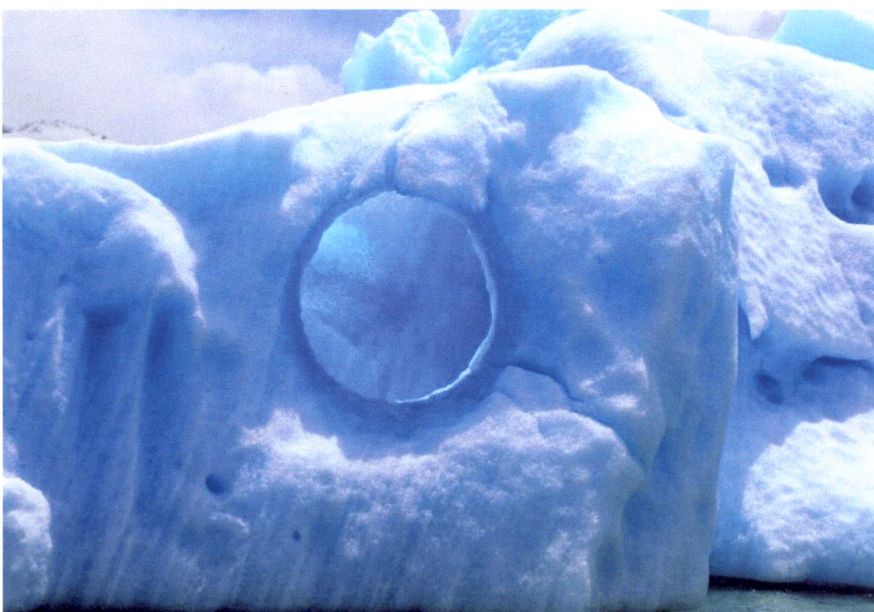

Ushuaia

Ushuaia

Uruguay – Mr. Benz geht auf Reisen

Während Herr Hund und ich in Wien frieren, schwitzt mein Mann auf dem Weg nach Uruguay. Nicht nur weil es knackig heiß ist, sondern auch, weil ihm der letzte Grenzübertritt bevorsteht. Wir hatten ja die ganze Reise über eine klare Aufteilung – er fährt und ich rede. Aber er meistert die Formalitäten auch ohne ‚Dolmetscherin' und trifft anschließend im grenznahen Mercedes Jan und Franz, die ebenfalls nach Hamburg verschiffen.

Die drei Jungs erledigen gemeinsam erst mal alles, was wichtig ist: zunächst gibt es natürlich ein wohlverdientes kühles Bier, sie tauschen Geld und kaufen sich SIM Karten sowie Proviant für die letzten Tage.

Am nächsten Morgen fahren sie im Konvoi weiter nach Montevideo. Für eine Stadtbesichtigung ist keine Zeit. Stattdessen geht es direkt zur Agentur, die alle Behördengänge und das Bürokratische für die Verschiffung abwickelt. Natürlich kann man dies auch alleine stemmen, aber es ist wesentlich mühsamer, da man weder die Abläufe noch die zuständigen Ansprechpersonen kennt und somit würden wir jedem raten, sich an eine Agentur zu wenden. Selbstredend, dass hier Kosten anfallen, aber man erspart sich zeitgleich sehr viel Zeit und noch mehr Nerven. Nach ein paar Stunden sind alle notwendigen Dokumente und Zahlungen erledigt und die Herren fahren weiter zu einer Farm, die außerhalb der Hauptstadt liegt und einem holländischen Auswanderer gehört.

Die nächsten Tage gibt es viel zu tun: die drei Lkws werden gründlichst geputzt und es muss alles aussortiert werden, was laut Reederei für die Verschiffung verboten ist. Grimaldi hat zwischenzeitlich sehr strenge Auflagen, da sie 2018 durch einen Brand ein Schiff verloren haben. Besonders kritisch sind natürlich die Gasflaschen, sie müssen komplett leer sein. Das Entleeren dauert seine Zeit und die Herren hoffen innständig, dass zum einen wirklich alles entweicht und dass zum anderen kein Raucher in die Nähe kommt.

Dann ist es endlich soweit. Gemeinsam geht es zum Zollhafen in Montevideo und es beginnt ein anstrengender, sechsstündiger Abwicklungsmarathon. Als erstes wird das Heikelste, nämlich die Gasflaschen, inspiziert. Alles gut und für 185 $ stellt der Beamte das notwendige Zertifikat aus. Nun geht es weiter von einer Behörde zur anderen. Als letztes übergibt man dann die Schlüssel für das Fahrzeug und zwar alle, nicht nur für das Fahrerhaus, sondern auch für die Wohnkabine. Ein merkwürdiges Gefühl, denn ab jetzt hat jeder Zugang zum Fahrzeuginneren und wir haben bei der Hinreise ja nicht unbedingt die besten Erfahrungen im Umgang mit unserem Benz gemacht. Aber so sind nun mal die neuen Spielregeln und da es keine Alternative gibt, muss man sich wohl oder übel daran halten.

Das ganze Prozedere ist ziemlich anstrengend, aber zumindest klappt alles reibungslos und alle drei Lkws sind genehmigt und zum Verladen freigegeben.

Ein Gefühl von großer Erleichterung, aber dann realisieren die Herren samt ihrem Gepäck für die Rückreise, dass sie sich mitten im Zollhafen befinden und hier weit und breit kein Taxi ist. Tja, da glaubt man, man hätte alles erledigt und schon kommt die nächste Hürde. Notgedrungen marschieren sie in der Bullenhitze zum Ausgang und nach einer gefühlten Ewigkeit findet sich endlich ein Taxi, das sie in ihr Hotel in die Innenstadt bringt.

Man könnte denken, jetzt ist endlich Zeit zum Durchschnaufen. Aber weit gefehlt, denn es kommt noch eine Challenge, nämlich einen Rückflug nach Hause zu buchen. Man ist gut beraten, damit abzuwarten, bis das Fahrzeug tatsächlich verladen ist, denn es kann im letzten Moment immer noch etwas sein und man ist dann nicht mehr Vorort. So kurzfristig ein halbwegs günstiges oneway Ticket zu ergattern ist wirklich nicht leicht, aber nach unzähligen Stunden Suche in diversen Flugbörsen findet sich dann doch ein Flug über Frankfurt nach Wien. Nun heißt es wirklich entspannen. Die Herren können sich die letzten zwei Tage noch die Stadt ansehen und ALLES WIRD GUT.

Die erste Zeit nach der Reise

Wie geht es einem, wenn man nach zwei Jahren reisen und leben im Lkw wieder daheim lebt? Zunächst gut, denn um ehrlich zu sein, steht anfangs so viel an, dass man gar nicht realisiert, wieder zuhause zu sein. Die ersten zehn Tage war ich erst mal nur damit beschäftigt, die Wohnung zu sanieren. Es ist unglaublich, wie viel Staub sich in 24 Monaten auf jedem Teil, in jeder Ritze und in jedem Kästchen absetzt, wie schmutzig die Fenster werden und wie viele ungebetene Achtbeiner sich zwischenzeitlich mit ihren Netzen überall breit gemacht haben. Zwischen Putzhandschuhen und Gassirunden absolviert man natürlich auch schnell die dringendsten Termine wie Zahnarzt oder Friseur. Zudem gehört wieder alles aufgestockt, was zum Leben notwendig ist. Wir hatten ja nicht mal mehr ein Körnchen Salz zuhause und so muss man alle Grundnahrungsmittel, Klopapier (sehr aufwendig und mühsam in einer Zeit, in der aufgrund von Corona-Hamsterkäufen keines verfügbar ist), Kosmetika, Waschmittel, einfach alles, besorgen und heimschleppen. Kurzum, man ist erst mal mehr als beschäftigt. All die Vorsätze wie ‚endlich mal in die Badewanne', ‚endlich mal wieder gemütlich auf der Couch liegen' gehen in dem Aktionismus zunächst völlig unter.

Aber irgendwann ist alles erledigt und dann entsteht eine Leere. Man fällt in ein Loch, zumindest war es bei uns so. Das ist nicht ungewöhnlich, wenn man sich vor Augen hält, dass unterwegs ja unentwegt etwas zu tun oder zu organisieren ist. Sei es die Suche nach einem Übernachtungsplatz, nach Trinkwasser, nach der besten Strecke für die nächste Tagesetappe oder nach den Sehenswürdigkeiten in der Umgebung. Zudem ist der Kopf ebenfalls ständig am Arbeiten, denn die permanent neuen Eindrücke gehören verdaut. All das fällt zuhause plötzlich weg und es entsteht eine gewisse Leere. Man bewegt sich ja nur noch in einem vergleichsweise kleinen Radius, bleibt an demselben Ort und hat das Gefühl, nichts mehr zu erleben oder stillzustehen. Das ist kein großes Drama, man taucht durch diese Zeit durch, aber man sollte es zumindest wissen und darauf vorbereitet sein.

Bei uns kam noch erschwerend hinzu, dass kurz nach unserer Rückkehr der Lockdown ausgerufen wurde. Zum einen haben wir uns so sehr darauf gefreut, nach der langen Zeit endlich wieder unsere Familie und Freunde treffen zu können und dies war ja für viele Wochen nicht möglich. Zum anderen fühlten wir uns plötzlich sozial sehr isoliert, denn während wir auf Reisen täglich mit Menschen und ihrer südamerikanischen Herzlichkeit umgeben waren, saßen wir nun plötzlich alleine in unseren vier Wänden.

Erst mit der Zeit haben wir wieder in einen ‚normalen' und gewohnten Rhythmus gefunden und begonnen, uns neue Aufgaben zu suchen. Mir hat das Schreiben dieses Buches sehr geholfen und wir haben dadurch auch allmählich angefangen, über unsere Reise zu sprechen, die lustigen, schönen aber auch die weniger schönen Erinnerungen Revue passieren zu lassen. Es mag komisch klingen, aber erst durch das Sprechen über die Reise realisiert man, dass man sie gemacht hat und dass man nun wieder zurück ist.

Was sich bei uns allerdings sehr schnell breit gemacht hat, war das Gefühl von Dankbarkeit. Wir haben sehr schnell begriffen, dass wir nicht nur unterwegs, sondern vor allem am Schluss, ungemeines Glück hatten, denn wir haben lange vor Corona unwissentlich das letzte reguläre Schiff gebucht. Hätte unsere Reise nur einen Monat länger gedauert, dann wäre alles wesentlich komplizierter geworden. Wir können aber auch von ganz großem Glück sprechen, dass wir die gesamte Tour ohne jeglichen Gedanken an eine mögliche Pandemie machen durften.

Eines steht fest, wir werden auch in Zukunft weiter reisen. Natürlich überlegen wir bereits, welche Ziele wir als nächstes ansteuern. Aber momentan ist es schwierig, Konkretes zu planen, und deshalb zehren wir noch von unserer letzten Reise. Sie war mit Sicherheit die intensivste und bereicherndste Zeit in unserem Leben.

Ich kann nur jedem raten, seine Träume zu leben statt sein Leben zu träumen und ALLES WIRD GUT.

Nützliche Tipps

Zum Abschluss ein paar Tipps. Die Auflistung hat natürlich keinen Anspruch auf Vollständigkeit, aber vielleicht kann die eine oder andere Empfehlung hilfreich sein.

Apps: Es ist empfehlenswert, im Vorfeld zu prüfen, ob die jeweilige App offline funktioniert, denn in vielen Regionen hat man keinen Empfang bzw. kein Internet und dann nützt die beste App leider nichts.

Google Maps und Maps.me: Zusätzlich zu unserem Garmin waren diese Apps zum Navigieren und Planen der Routen sehr nützlich. Um Kosten zu sparen, ist es sinnvoll, die jeweiligen Landeskarten immer dann herunterzuladen, wenn man am Campingplatz oder zum Beispiel in einem Café gutes WLAN hat. Die Apps schlagen oftmals unterschiedliche Routen vor und wir raten gerade beim Navigieren durch Großstädte die Alternativen zu vergleichen. (beide funktionieren offline)

iOverlander: Neben den Navigationshilfen haben wir diese App am häufigsten benutzt und sie erleichtert das Reisen ungemein. Man findet hier freie sowie etablierte Übernachtungsplätze, Wäschereien, Tierärzte, Wasser, LPG, Informationen zu Grenzübergängen, gefährlichen Pisten etc. und kann selbige hinzufügen. Bei den angeführten Stellplätzen immer darauf achten, ob Kriterien wie Fahrzeuggröße- bzw. Einfahrtshöhe, Wasser, Stromanschluss, Haustier etc. den eigenen Anforderungen entsprechen. Damit die Reise aber nicht ihren Abenteuercharakter verliert und ganz nach dem Motto ‚nur wer seinen eigenen Weg geht, kann nicht überholt werden', raten wir, nicht nur die markierten Punkte von anderen Overlandern nachzufahren, sondern selbst auf Entdeckungstour zu gehen und Ausschau nach schönen Plätzen zu halten.

Währungsrechner: Sehr praktisch zum Umrechnen bzw. zur Preisorientierung, wenn man mit der Landeswährung noch nicht so vertraut ist. Zudem kommt es oft zu hohen Kursschwankungen und man kann beim Abheben und Bargeld Wechseln den Tageskurs vorher prüfen.

Übersetzer Dict.cc: Hilfreich, falls man die jeweilige Sprache nicht fließend beherrscht. Und wer weiß schon, was ‚Scheibenwischer' auf Portugiesisch heißt. (funktioniert offline)

Höhenmesser: Da die Garmin Software nicht immer die richtige Höhe anzeigt, ist diese zusätzliche App sinnvoll. Besonders hilfreich war sie bei Übernachtungsplätzen in großer Höhe und beim Überqueren von Bergpässen. (funktioniert offline)

Umrechner für Maßeinheiten: Viele Länder verwenden andere Maßeinheiten als in Europa. Man tut sich leichter beim Tanken, im Supermarkt und spätestens wenn man den Reifendruck von bar in psi umrechnen muss, ist man für diese App dankbar. (funktioniert offline)

WhatsApp. Ein must have für die (kostenlose) Kommunikation mit der Familie und mit Freunden zuhause.

Skype: Abgesehen vom Videotelefonieren, war es für uns besonders hilfreich, ein Guthaben aufzuladen, um damit weltweit auf dem Festnetz preiswert anrufen zu können. Behörden, Banken etc. kann man im Heimatland somit kostengünstig kontaktieren.

Uber: In vielen Ländern sehr verbreitet. Der Vorteil für uns war, dass man bereits vor Fahrtantritt die Kosten angezeigt bekommt und nicht erst mit dem Taxifahrer diskutieren bzw. verhandeln muss. Somit kommt es weder zu unfreiwilligen Sightseeing-Touren noch zu bösen Überraschungen.

Airbnb: In Großstädten wie La Paz oder Buenos Aires ist es mit jedem Fahrzeug mühsam, einen guten und sicheren Schlafplatz für mehrere Tage zu finden. Daher haben wir in solchen Fällen für unseren Lkw (über iOverlander) einen bewachten Parkplatz gesucht und eine Wohnung gemietet. Bei einer gröberen Erkrankung macht es ebenfalls Sinn, für einige Zeit in ein Hostel oder in eine Wohnung zu wechseln.

Adapter/Ladekabel: Egal ob für Handy oder Tablett, ob Gasdruckminderer oder 110/220 Volt Stecker, es ist ratsam, sämtliche

Adapter lieber doppelt und dreifach mitzunehmen. Schnell vergisst man sein Ladekabel beziehungsweise den Zwischenstecker auf der Tankstelle oder am Campingplatz und dann beginnt die Suche nach Ersatz.

Alkohol: Alkoholische Getränke gibt es jedem Land problemlos zu kaufen. Die Preise und die Qualität schwanken aber sehr von Land zu Land. Beim Bier haben wir statt den teuren internationalen Marken die lokalen Sorten probiert und waren uns rasch einig, welche uns schmeckt. Speziell in Chile und Argentinien muss man beim Rotwein nicht allzu tief in die Tasche greifen, um ein wirklich feines Tröpfchen zu bekommen.

Arzt/Apotheken: Man findet beides problemlos entweder auf iOverlander bzw. Google oder man erkundigt sich einfach bei den Einheimischen. Bis auf einen Zahnarzt in Kolumbien haben wir glücklicherweise nichts gebraucht, aber wir wissen von anderen Reisenden, dass die Versorgung im Spital ebenfalls problemlos und sehr kompetent vonstatten ging. Wir empfehlen dennoch, im Vorfeld der Reise mit dem Hausarzt zu sprechen, ob man ihn von unterwegs gegebenenfalls kontaktieren und konsultieren kann. In Südamerika bekommt man viele Medikamente (auch Antibiotika) ohne Rezept. Die lokalen Arzneimittel heißen zwar anders, aber wenn man den entsprechenden Wirkstoff vom Arzt mitgeteilt bekommt, kann man sich somit mit den lokalen Produkten gut helfen.

Auslandskrankenversicherung: Da wir in Österreich leben, haben wir uns nach langer Recherche für die Versicherung von ÖAMTC / Uniqua entschieden (vornehmlich weil sie auch USA und Kanada abdeckt). Für deutsche Staatsbürger ist ADAC empfehlenswert.

Bargeld/Bankomat/Kreditkarten: Die Gebühren für Bargeldbehebungen sind teilweise unverschämt hoch und summieren sich durch die Anzahl der Transaktionen zu einem beachtlichen Betrag. Man kann hier Kosten einsparen: Vor der Einreise in ein neues Land, ist es ratsam, im Panamericana Forum und bei Google zu recherchieren, bei welcher Bankgesellschaft man mit der Kreditkarte kostenlos Bargeld abheben kann und wie hoch der Maximalbetrag ist. Andere Overlander haben diesbezüglich auch immer gute

Tipps. Wir waren mit den Karten der DKB (jedoch nur für deutsche Staatsbürger) sehr zufrieden, da keine Gebühren für Bargeldbehebungen im Ausland anfallen. Wir empfehlen, mehrere Kreditkarten mitzunehmen, da eine Karte manchmal aus unerfindlichen Gründen vom Automaten nicht angenommen wird oder das Tageslimits erreicht ist (in Argentinien oftmals nur 80 Euro pro Karte innerhalb von 24 Stunden). Falls die Karte beschädigt ist oder abhandenkommt, hat man ebenfalls sofort einen Ersatz. Um böse und vor allem teure Überraschungen zu vermeiden, vor der Reise unbedingt mit der Bank abklären, welche Spesen bei den Transaktionen anfallen.

Bücher: Für jedes Land haben wir einen ausführlichen Reiseführer in ‚Papierform' dabeigehabt. Ansonsten empfehlen wir, einen Kindle oder ähnliches mitzunehmen. Denn einerseits ist Platz in jedem Fahrzeug ein wichtiges Thema und andererseits hat man viel Zeit zum Lesen. Zumindest wir haben noch nie im Leben so viele Bücher verschlungen wie auf dieser Reise.

Budget: Unter Reisenden werden zwei Themen am häufigsten und am heißesten diskutiert: welches ist das beste Toilettensystem und wie viel Geld braucht man, um zu reisen. Es ist sehr schwer, zu beidem eine Empfehlung abzugeben, denn jeder hat andere Ansprüche und einen anderen Reisestil. Heißt, beim Thema Budget kommt es sehr drauf an, wie oft man ein Restaurant besucht, auf einem Campingplatz übernachtet oder wie viel man shoppen geht. Besichtigungen, Spritverbrauch etc. spielen natürlich auch eine Rolle. Unsere Erfahrung ist, dass man bei einem für zwei Personen mit einem monatlichen Betrag von 1.500,- Euro (ohne die Kosten für die Flüge und das Verschiffen miteinzubeziehen) gut über die Runden kommt. Aber wie bereits gesagt, wenn man jeden Tag einen Campingplatz anfährt und im Restaurant drei Flaschen Rotwein leert, dann läppern sich die Kosten auch in den ‚billigen Ländern'. Wir haben unsere Ausgaben täglich in einem Excel Sheet notiert und dadurch immer eine aktuelle Übersicht über die Ausgaben gehabt. So behält man auch den Überblick, ob man Bargeld besorgen oder aber ausgeben muss, weil man in den nächsten Tage aus dem Land ausreisen möchte (man muss es ja nicht unbedingt versaufen, man kann es notfalls auch vertanken).

Burnout: Ein Burnout vom Reisen? Man denkt, Blödsinn, so etwas gibt es nicht, das bekommt man doch nur vom Arbeiten aber nicht vom Reisen … Doch das gibt es und zwar gar nicht so selten. Es ist manchmal einfach ‚zu viel', weil der Kopf viel zu viele neue Eindrücke bekommt, man eine Panne im Nirgendwo hat, keinen Übernachtungsplatz findet bzw. selbiger suboptimal ist oder weil es einfach nicht so läuft wie geplant. Da liegen die Nerven oftmals blank und man fragt sich, weshalb tue ich mir das Ganze überhaupt an. Wir haben hierzu zwei Empfehlungen: wenn man wirklich eine Krise hat und keine Freude mehr am Reisen verspürt, dann ist es sinnvoll, sich bei der nächsten besseren Gelegenheit ein schönes Hotel zu suchen und eine Auszeit vom Reisen zu nehmen. Die Kosten sind in Relation zum Gesamtbudget verschwindend gering und sie sind sicherlich gut investiert, bevor man alles hinschmeißt und die Reise abbricht. Um es gar nicht so weit kommen zu lassen, legen wir jedem ans Herz, so langsam als möglich zu reisen und an schönen Plätzen einige Tage zu verweilen. Lieber verzichtet man auf ein Sightseeing Highlight, aber dafür verarbeitet man das Erlebte, schöpft Kraft und bekommt wieder Lust auf die nächste Etappe. Und nicht zu vergessen: Schildkröten können mehr über den Weg erzählen als Hasen.

Diebstahl: Wir wurden von Land zu Land gewarnt, dass im nächsten Land unheimlich viel gestohlen wird und die Einheimischen erzählten uns viele Horrorgeschichten. Aber wir können nur Positives berichten, sind niemals bestohlen worden und auch von anderen Reisenden wurden wenig über Diebstähle erzählt. Natürlich muss man den Hausverstand einschalten und zudem stellt man das Fahrzeug am besten nicht in dubiosen Gegenden ab. Aber das lässt sich leider nicht immer vermeiden. Klar, wenn jemand einbrechen möchte, dann findet sich ein Weg, aber um möglichst keine ‚Einladungen' auszusprechen, haben wir die Treppe eingezogen und das Fahrerhaus war immer komplett leergeräumt.

Diesel: In Ländern wie Kolumbien, Ecuador, Peru und Bolivien schwankt die Qualität sehr und zum Teil wird dem Diesel Wasser beigemischt. Es ist daher ratsam, nur bei Markentankstellen zu tanken. Das ist zwar keine Garantie, aber es minimiert zumindest das Risiko. Außerdem sollte man genügend Filter dabei haben (und selbige auch wechseln).

Dollar/Euro: Es empfiehlt sich, als eiserne Reserve stets einen gewissen Betrag in Dollar mitzuführen. Man kann sie problemlos in Ecuador (Landeswährung) aber auch bei manchen Banken in Peru mit der Kreditkarte am Geldautomaten abheben. In Argentinien war es beispielsweise günstiger, Dollar zu wechseln als am Automaten Geld zu ziehen (14% Gebühren bei einem Maximalbetrag von 80 Euro). Wenn man Dollar aus Amerika mitnimmt, dann unbedingt darauf achten, dass die Scheine nicht beschädigt sind. Sie dürfen keinerlei Kritzeleien, Einrisse oder ähnliches haben, sonst werden sie in den Wechselstuben nicht angenommen. In Ländern mit einer instabilen Währung bekommt man in Shops oder in Werkstätten oftmals einen besseren Preis, wenn man mit Dollar zahlt, da die Einheimischen die Inflation fürchten. Euro werden meist nicht genommen, aber man kann sie vielerorts relativ unproblematisch wechseln.

Durchfall: Auf so einer langen Reise erwischt es jeden früher oder später. Ist unangenehm, da man nicht weiterfahren kann, aber wenn man eine Toilette im Fahrzeug hat, ist man eh gut bedient. Meist helfen die lokalen Arzneimittel besser, da sie die lokalen Darmgeister besser vertreiben. Sollte der Durchfall nach ein paar Tagen nicht abklingen oder sollte sich Fieber dazugesellen, dann kommt man um Arzt und / oder Antibiotika nicht herum.

Dysen Staubsauger: Hört sich vielleicht spießig an, aber es ist kaum zu glauben, wie oft der Dysen Staubsauger im Einsatz war. Ob verschütteter Zucker, Sand in der Kabine oder Dreck im Fahrerhaus, er hat uns das Leben um einiges erleichtert. Für alle Reisenden und vor allem für Hundebesitzer ein absolutes must have. Zudem kann man damit Moskitos einsaugen und töten, ohne unschöne Blutflecken auf den Wänden zu haben.

Einkaufen: Zuhause hatten wir ein wenig die Befürchtung, wir könnten unterwegs Hunger leiden. Keine Sorge, in allen Ländern gibt es (zumindest in den größeren Städten) Supermärkte, die gut sortiert sind. In ländlicheren Regionen gibt es kleine Geschäfte, die das Notwendigste und alle Grundnahrungsmittel anbieten. Auf den lokalen Märkten gibt es nicht nur Spannendes zu entdecken, sondern auch mehr als genug zum Einkaufen. Wer natürlich auf europäische Marken nicht verzichten möchte und auf sein Nutella besteht, der wird zwar auch irgendwann fündig werden, allerdings zu horrenden Preisen. Wer also landestypisch einkauft, kann nicht nur köstlich sondern auch budgetschonend kochen.

Ersatzteile: Wir hatten zwar jede Menge Ersatzteile dabei, aber man kann nicht alles mitnehmen und meistens geht genau das kaputt, was man nicht an Bord hat. Aus eigener Erfahrung können wir allerdings allen, die im Fahrzeug Seitz Fenster verbaut haben, dazu raten, nach Möglichkeit eine Ersatzscheibe mitzunehmen. Ansonsten besteht kein Grund zur Sorge, denn die Hilfsbereitschaft in Südamerika ist sehr groß und man ist immer um eine Lösung bemüht. Zudem kennt jeder Lkw Fahrer oder Polizist eine Werkstatt, die notfalls weiterhilft. Sollte ein Ersatzteil tatsächlich nicht aufzutreiben sein, dann gibt es immer die Option, es in Europa zu bestellen und sich liefern zu lassen. Dauert zwar gegebenenfalls etwas, aber man ist ja schließlich nicht auf der Flucht, sondern auf Reisen.

Fahrzeugwahl: Oft wird die Frage gestellt, was das richtige bzw. das perfekte Fahrzeug für so eine Reise sei. Die Antwort ist kurz: es gibt weder das ‚richtige' noch das ‚perfekte' Reisemobil. Jedes Fahrzeug hat seine Vor- und Nachteile und jeder Mann und besonders jede Frau haben unterschiedliche Wünsche und Ansprüche. Wir haben sehr zufriedene Radfahrer aber auch extrem fluchende Fahrer von Luxusmobilen getroffen. Man sollte sich im Vorfeld immer genau überlegen, was einem wichtig ist und was man genau möchte. Will man jeden offroad Pfad und jede schwer zugängliche Bucht erkunden, dann wird man mit einem leichten, wendigen 4x4 Geländewagen besser beraten sein als mit einem tonnenschweren Expeditionsmobil. Legt man Wert auf eine tägliche Dusche, eine eigene Toilette und auf ein bequemes Doppelbett, dann wird man mit einem Dachzelt und einer Außendusche nicht lange glücklich sein. Also zuerst die eigenen Bedürfnisse sehr genau definieren (und diese mit dem verfügbaren Budget abstimmen) und erst dann investieren. Wir haben unser Fahrzeug bei Benny Jülich, FRM Technik gekauft und sind sowohl mit der sehr soliden

Qualität als auch mit dem durchdachten Konzept des Ausbaus sehr zufrieden.

Fotografieren: Egal ob mit dem Handy oder der teuren Digital Spiegelreflex Kamera, jeden Tag gibt es unzählige tolle Motive. An die Profis: bitte die passenden Filter für extreme Sonneneinstrahlung mitnehmen. Aber wie überall sollte man bedenken, dass je teurer die Kamera desto attraktiver für Trickdiebe.

Friseur: Wir waren in allen Ländern beim Friseur und haben immer positive, oftmals sogar sehr lustige Erfahrungen gemacht. Vom kleinen Salon auf der Straße der Friseure in Ecuador bis hin zum singenden, brasilianischen Figaro – der Friseurbesuch war stets ein kleines Highlight. Allen Damen, die wie ich die Haare färben (müssen), rate ich, die Coloration von daheim mitzunehmen und den Friseur zu bitten, diese aufzutragen. Jeder Salon verwendet andere Produkte und so vermeidet man, als ‚Streifenhörnchen' zurückzukehren.

Gas: Wir haben zwei 5 kg LPG/GLP Tankflaschen verbaut (bitte niemals CNG einfüllen) und haben von Kanada bis Argentinien immer eine Möglichkeit gefunden, sie auffüllen zu lassen. Manchmal hat es Zeit und Geduld gekostet, aber es hat stets geklappt. Auch wenn man seinen Gasverbrauch gut kennt, so empfehlen wir, lieber zu früh als zu spät nachzufüllen und alle möglichen Adapter mitzunehmen. Wer Tauschflaschen verwendet, bekommt diese überall völlig problemlos. Auf iOverlander findet man für jedes Land hilfreiche Tipps und Hinweise. Zum Ende einer Reise gilt es zu beachten, dass das Fahrzeug zum Verschiffen völlig gasfrei übergeben werden muss. Bei fix verbauten Tanks oder Flaschen bedeutet dies, dass man zunächst komplett entleeren muss und anschließend eine Überprüfung sowie ein Gaszertifikat benötigt.

Grenzen: Das Wichtigste vorab: die Grenzübertritte waren alle unkompliziert und man muss sich keine großen Sorgen machen. Solange die Fahrzeugpapiere mit dem Fahrer übereinstimmen und die Pässe gültig sind, wird es keinerlei Probleme geben. Wir raten, immer einige Kopien von den Papieren griffbereit zu haben, denn manchmal werden diese benötigt und nicht an jeder Grenze gibt es einen Copyshop. Bei jeder Einreise wird ein Formular (TIP steht für temporary import permisson) für die Einfuhr des Fahrzeuges ausgestellt, das man wirklich gut aufbewahren sollte, denn man muss es bei der Ausreise wieder abgeben. Für den Import von Lebensmitteln gelten je Land sehr unterschiedliche Richtlinien. Chile und Argentinien sind hier besonders streng und es wird (teilweise recht streng) kontrolliert. Wertvolle Tipps und Hinweise zum Prozedere an der jeweiligen Grenze findet man auf iOverlander.

Highlights: Wenn es sich einrichten lässt, dann ist es natürlich sinnvoller, die Highlights unter der Woche zu besuchen, da man so dem Trubel und den vielen Selfiesticks am Wochenende entkommt. Wir empfehlen, vorher abzuklären, ob man Vorort parken oder sogar nächtigen kann. Hundebesitzer sollten bedenken, dass in allen Nationalparks oder in Ausgrabungsstätten die Mitnahme von Hunden grundsätzlich verboten ist. Wir haben daher immer getrennt voneinander besichtigt. Für manches (wie z.B. Machu Picchu, Perito Moreno, Torres del Paine) haben wir geführte Touren gebucht und waren stets zufrieden.

Höhenkrankheit: Wenn man langsam reist, hat der Körper genug Zeit, zu akklimatisieren und sich an die dünnere Luft zu gewöhnen. Tagsüber hatten wir selbst auf der Höhe von 5000 Metern keinerlei Beschwerden. Nachts sah es allerdings anders aus, denn wenn wir über 4000 Meter schlafen mussten, sind wir oftmals aufgewacht, waren kurzatmig und verspürten einen unangenehmen Druck auf der Brust. Die genaue ‚Schmerzgrenze' muss jeder für sich selbst herausfinden, aber wir empfehlen, (wenn möglich) unter 3700 Metern zu schlafen. Auf Empfehlung von Einheimischen und anderen Reisenden haben wir zudem Tee aus Kokablättern getrunken und hatten das Gefühl, dass er uns in großen Höhen sehr gut geholfen hat.

Hund: Prinzipiell ist die Mitnahme eines Hundes nicht allzu problematisch, aber man sollte doch so einiges beachten. In Südamerika gibt es eine große Anzahl an Straßenhunden, die oftmals keinen Spaß verstehen, wenn ein fremder Hund in ihr (Fress-) Revier eindringt. Es kann somit durchaus zu Kämpfen und zu Bisswunden kommen. Da nicht immer ein Veterinär in der Nähe ist, empfehlen wir, im Vorfeld mit dem Tierarzt zu sprechen und eine

Reiseapotheke eigens für den Hund mitzunehmen. Wir raten zudem, sehr aufmerksam zu sein, dass der Hund nichts aufnimmt, denn in manchen Gegenden legen die Einheimischen leider Giftköder aus, um die Population an wildernden Hunden zu minimieren. Trockenfutter bekommt man problemlos selbst in einsamen Gegenden zu kaufen. Wenn man die Marke nicht ständig wechseln möchte (z.B. um Durchfälle aufgrund einer Futterumstellung zu vermeiden), dann raten wir zu Dog Chow. Dieses Futter ist in ganz Südamerika in jedem Supermarkt verfügbar. Tierärzte findet man in jeder Stadt und meist ist ein Shop mit Zubehör angeschlossen. Die Kosten für Behandlungen, Impfungen und Medikamente sind überschaubar. Sehr wichtig ist es, das Intervall für die jährliche Tollwutimpfung einzuhalten, denn sonst wird es schwierig hinsichtlich der Papiere für den Grenzübertritt. Bevor man in ein neues Land einreist, besucht man einen Tierarzt und lässt sich ein Gesundheitszeugnis ausstellen. Darin müssen die gültige Tollwutimpfung sowie eine interne als auch externe Parasitenbehandlung bestätigt sein. Mit diesem Formular geht man zur SENASA (Agrikulturbehörde). Dort werden die Papiere für die Aus- und Einreise ausgestellt. Beim Tierarzt als auch bei der SENASA muss man den EU Heimtierpass vorlegen. Für das Ausstellen der Papiere sollte man genügend Zeit einplanen, wir empfehlen zwei bis drei Tage. Die Einreisepapiere wurden – bis auf Chile und Argentinien – nicht an jeder Grenze kontrolliert. Wir haben uns dennoch immer an das vorgeschriebene Prozedere gehalten, denn wie es der Teufel so will, wird meistens dann kontrolliert, wenn man die Papiere nicht hat und dann muss man unter Umständen ein paar Hundert Kilometer zur nächsten SENASA zurückfahren. Wir haben zuhause auch einen Tollwut Titertest machen lassen, da man ihn für die Einreise zurück nach Europa braucht.

Impfungen: Wir haben uns drei Monate vor Abreise in einem Institut für Reisemedizin beraten und impfen lassen. Den Impfpass bitte unbedingt mitnehmen.

Jahreszeiten: Bei der Planung der Reise entlang der Panamericana sollte man unbedingt auf die jeweilige Jahreszeit achten. Denn egal ob Schnee, Kälte, Regen, Stürme oder tropische Hitze, auf Dauer zerrt es extrem an den Nerven und es macht einfach wenig Spaß, das Pantanal zur Regenzeit oder Patagonien im (dortigen) Winter zu bereisen.

Karten: Möchte man zusätzlich zum Navigationsgerät Straßenkarten verwenden, so empfehlen wir, diese im Vorfeld zuhause zu besorgen (bitte auf den passenden Maßstab achten), denn in den meisten Ländern sind sie schwer bis gar nicht zu bekommen.

Kleidung: Prinzipiell braucht man natürlich vom Bikini bis zur Pudelmütze die gesamte Palette. Aber man braucht keine Unmengen an Bekleidung, denn erstens kann man überall waschen lassen und zweitens kann man alles nachkaufen. Wenn man weniger mitnimmt, dann bleibt mehr Platz für Schnäppchen oder andere hübsche Sachen, denen man unterwegs garantiert begegnen wird.

Kontrollen: Zu den Kontrollen durch die Polizei oder das Militär kursieren diverse Geschichten. Wir haben auf der gesamten Reise ausschließlich positive Erfahrungen gemacht. Ja, es ist richtig, man wird des Öfteren angehalten, es werden die Papiere (Führerschein und TIP) kontrolliert und ab und zu möchte man einen kurzen Blick ins Fahrzeug werfen. Aber all dies ist keine Schikane gegenüber Touristen, sondern meistens ist es einfach Neugier, da die Kontrollposten ein so exotisches Fahrzeug selten zu sehen bekommen. Wir empfehlen, freundlich zu grüßen, auf die Fragen geduldig und höflich zu reagieren, einen kleinen netten Smalltalk zu halten und dann kann man nach wenigen Minuten problemlos weiterfahren.

Maut: In einigen Ländern muss man Maut zahlen. Wenn man nicht auf Landstraßen ausweichen möchte, dann kommt es schon mal vor, dass man umgerechnet 10-15 Euro pro Tag benötigt (für einen zweiachsigen LKW). Man sollte also immer ausreichend Kleingeld bereithalten.

Nachtfahrten: Wir raten dringend, das Fahren in der Dunkelheit zu vermeiden. Man sieht nachts weder Tiere, noch Schlaglöcher oder Radfahrer bzw. Fußgänger. Manche Autos und Motorräder sind ohne funktionierendes Licht unterwegs. Zur eigenen Sicherheit bitte unbedingt vermeiden und lieber rechtzeitig vor Einbruch der Dunkelheit einen Übernachtungsplatz suchen.

Restaurants: Die Möglichkeit, Essen zu gehen, gibt es immer und überall. In manchen Ländern wie Mexiko oder Peru haben wir oft ein Restaurant besucht, in anderen wie Amerika weniger. Alles ist eine Frage des Geschmacks und für viele Reisende ist es auch eine Frage des Budgets. Wer auf der Suche nach gutem und günstigem, einheimischem Essen ist, der sollte entweder die Garküchen auf den lokalen Märkten ausprobieren oder unterwegs die Augen offen halten, welche Restaurants die LKW Fahrer ansteuern.

Stellplätze und Routen: Ich habe in diesem Buch aus zwei Gründen ganz bewusst darauf verzichtet, konkrete Routen oder Stellplätze anzuführen. Zum einen kann der schönste Campingplatz zwischenzeitlich den Besitzer gewechselt haben und nun ein Fiasko sein und zum anderen hängt die Wahl der Route sehr vom Fahrzeug ab. In den vielen Reisebüchern vergessen die Autoren bei ihren gutgemeinten Tipps leider oftmals, dass eine Strecke mit einem Buschtaxi zwar problemlos zu bewältigen ist, aber dass sie für einen 9,5 Tonnen schweren und 3,5 Meter hohen Lkw unpassierbar ist, weil sich auf ihr zum Beispiel ein Tunnel mit 2,80 Metern Höhe befindet. Zudem hat jeder Reisende unterschiedliche Vorlieben und Ansprüche. Der eine liebt die absolute Einsamkeit, der andere (wie wir) steht lieber auf einer Plaza, um mit den Menschen und der Kultur näher zu kommen. Das ist mit einem Lkw in Ordnung, aber wenn man ein Fahrzeug mit Dachzelt fährt und somit im Freien kochen muss, nützt der beste Tipp bezüglich einer Plaza nichts, denn in diesem Fall ist der Stellplatz alles andere als optimal (außer man steht auf Showkochen und viele Mitesser). Um unnötige Umwege oder böse Überraschungen zu vermeiden, holt man sich unterwegs am besten Tipps von anderen Reisenden mit einem vergleichbaren Fahrzeug. Allerdings ist auch hier etwas Vorsicht geboten, denn einige der ‚Ratgeber' lieben den Nervenkitzel einer einspurigen, unbefestigten, offroad Bergstraße. Deshalb darauf achten, ob die empfohlene Stecke den eigenen Fahrkünsten entspricht. Uns war es wesentlich lieber, das Material und unsere Nerven zu schonen und gesund sowie heil anzukommen, als in großen Höhen Blut und Wasser zu schwitzen.

Straßen: Die Straßen sind halb so wild wie man glauben möchte und auch Fahrzeuge ohne Allrad brauchen sich keine Sorgen zu machen. Wer nicht unbedingt den Nervenkitzel und das Abenteuer sucht, der kann auch ganz unspektakulär über ‚normale' Straße durch jedes Land reisen. Allerdings sollte man selbst bei der schönsten Straße auf Schlaglöcher und andere ‚Überraschungen' (wie unsere ‚heißgeliebten' Topes, Regenrillen und Abbruchkanten) aufpassen. Offroad Pisten können sich je nach Saison ganz schnell zum verschlammten Alptraum entwickeln. In den Bergen kommt es häufig zu Erdrutschen und es kann mitunter Tage dauern, bis sie wieder beseitigt sind. In Städten und Dörfern sollte man zudem auf tiefhängende Strom- und Telefonkabeln achten.

Straßensperren: In Südamerika sind Straßenblockaden absolut nichts Ungewöhnliches. Sie sind eine beliebte Methode, gegen Maßnahmen zu protestieren und dem Staat mit Nachdruck seine Meinung kundzutun. Oftmals wird man von Einheimischen vor bevorstehenden oder bereits existierenden Sperren gewarnt. Da meistens Hauptverkehrsadern blockiert werden, empfiehlt es sich, abseits der Sperre abzuwarten bis die Strecke wieder geöffnet ist. Ist man mittendrinnen ‚gefangen', so ist es für Touristen in der Regel nicht gefährlich. Man kann es im wahrsten Sinne des Wortes nur aussitzen, auch wenn es mitunter sehr langwierig und sehr langweilig wird. Am besten eine große Kanne Kaffee kochen und die Zeit nutzen, um mit den anderen ‚Gestrandeten' zu plaudern und Land und Leute besser kennenzulernen.

Stromverlängerungskabel: Manchmal muss man sich an den Strom hängen, aber die Steckdose ist etwas weiter entfernt. Wir hatten ein 20 Meter langes Verlängerungskabel und alle möglichen Adapter dabei und sind damit gut ausgekommen. Zwischenstecker lieber doppelt oder dreifach besorgen, denn unterwegs passiert es jedem unweigerlich mal, dass man vom Campingplatz losfährt und der Adapter dort seinen Urlaub weiter genießt.

Tagesetappen: Auch hier gilt, jedem Tierchen sein Pläsierchen. Jeder hat seinen eigenen Tagesrhythmus und seine Vorlieben. Manche brechen schon früh morgens auf, andere wiederum trödeln sich gemütlich in den Tag hinein. Während die einen täglich zehn Stunden am Stück fahren, war bei uns nach vier bis fünf Stunden Feierabend. Wir sind in zwei Jahren 50.000 km gefahren und es gibt andere Reisende, die in der gleichen Zeit 90.000 km absolviert haben. Wir standen an manchen Plätzen über eine Woche und andere sind vom selben Platz nach einem Tag abgereist, da es ihnen zu langweilig war. Es gibt definitiv kein Patentrezept, jeder muss sein eigenes Tempo finden, aber lieber ‚reisen' statt ‚rasen'.

Tankstellen: Grundsätzlich ist das Tankstellennetz sehr dicht und es gib nur ganz wenige Gegenden (meist die Bergregionen), wo die Versorgung schlecht ist. Das Bezahlen mit der Kreditkarte war auch niemals ein Problem. Da die Qualität oftmals sehr unterschiedlich ist, haben wir eher die großen Marken vorgezogen. Garmin und iOverlander haben viele Tankstellen markiert, aber nicht alle davon waren noch in Betrieb. Wir empfehlen deshalb, nicht bis zum letzten Tropfen zu fahren und sich nicht zu 100% auf die angeführten Standorte zu verlassen.

Telefonieren/Internet: Bis auf Nordamerika haben wir uns in jedem Land lokale prepaid SIM Karten gekauft. In Kanada und USA war dies verhältnismäßig teuer und hier haben wir das WLAN von Fastfood-Ketten oder Supermärkten zum Telefonieren oder für Internet genutzt. In Südamerika haben wir Großteils den Anbieter CLARO genutzt, da es angeblich das Netz mit der besten Flächenabdeckung ist. In manchen Ländern kauft man die Wertkarte gleich direkt beim Anbieter, in anderen bei einem der zahlreichen Straßenhändler und geht anschließend zum Aktivieren in den Shop des Anbieters. Wir raten, das Internet noch im Shop auszuprobieren und sich erst zufriedenzugeben, wenn wirklich alles funktioniert. Sobald das Guthaben aufgebraucht ist, kann man es problemlos beim Anbieter, in Supermärkten oder an Tankstellen aufladen. Wir haben immer zwei Wertkarten besorgt, um uns gegebenenfalls anrufen zu können. Allerdings haben wir beim Kauf mehr Wert auf ein großes Datenvolumen als auf ein Telefonguthaben gelegt, da unsere Priorität die Nutzung des Internets war. Für die Kommunikation mit der Familie bzw. mit Freunden haben wir WhatsApp oder Skype genutzt.

Verschiffen: Die Frage, mit wem man verschiffen lässt, ist unter den Reisenden fast wie eine Religion und es gibt hierzu die unterschiedlichsten Ansichten. Während einige auf Seabridge schwören, haben wir leider keine allzu guten Erfahrungen gemacht. Bei dem Rücktransport nach Europa waren wir mit Caravan Shipping sehr zufrieden. Der Firmensitz ist direkt im Hamburger Hafen und die Behördenwege werden Vorort sowohl bei der Abreise als auch bei der Ankunft mit dem Kunden unkompliziert erledigt. Die Agentur war zuverlässig, lösungsorientiert und zudem preislich sehr interessant. Für die Abwicklung in Südamerika empfehlen wir, sich einen Agenten zur Seite zu nehmen. Natürlich ist dies mit Kosten verbunden, aber man spart sich dafür viel Zeit und Nerven, denn die Agenten kennen den einzuhaltenden bürokratischen Ablauf, die Ansprechpersonen beim Zoll und etwaige Hürden. Bei iOverlander sind die Agenten (meist mit Kontaktdaten) angegeben.

Wasser: Wir hatten auf der ganzen Reise niemals Probleme, einmal pro Woche unseren 400 Liter Tank mit Trinkwasser anzufüllen. Abgesehen von Campingplätzen findet man bei nahezu allen Tankstellen, Sportanlagen, Friedhöfen etc. einen Wasserhahn. Vorher immer bei den Einheimischen nachfragen, ob es sich um ‚Aqua potable', also um Trinkwasser handelt. Wir empfehlen, einen langen Wasserschlauch (wir hatten 20 Meter) mitzunehmen, denn nicht immer ist es möglich, direkt am Wasseranschluss zu parken. Nach Möglichkeit alle nur erdenklichen Adapter einpacken, aber sollte mal der passende nicht dabei sein, so kann man sie in allen Ländern problemlos kaufen. Wer eine Wasserfilteranlage in seinem Fahrzeug verbaut hat, der sollte mindesten einen Ersatzfilter einpacken, denn diese sind unterwegs nicht erhältlich.

Wäsche waschen: Von Kanada bis Feuerland war es völlig unkompliziert, die Wäsche waschen zu lassen und bis auf einen einzelnen Socken haben wir all unsere Sachen auch wieder zurückbekommen. Die ‚Lavanderias' findet man natürlich auf Google, auf iOverlander oder man fragt die Einheimischen. Meistens dauert es einen Tag, aber man sollte lieber nachfragen und einen konkreten Zeitpunkt vereinbaren.

Werkstätten: Selbst als wenig begabter Schrauber muss man sich keine Sorgen machen, denn es findet sich immer eine Lösung für technische Probleme und die Menschen sind sehr hilfsbereit. Werkstätten, in denen andere Reisende gute Erfahrungen gemacht haben, sind auf iOverlander markiert, ansonsten helfen Polizei oder Einheimische mit Tipps weiter. Wer einen Ölwechsel machen lassen möchte, der findet in Südamerika an jeder Hauptverkehrsader eigene kleine Läden, welche das gekaufte Öl auch gleich kostenfrei wechseln. Genügend Ölfilter mitzunehmen ist zwar nicht unbedingt zwingend notwendig, aber durchaus ratsam, da die Shops nicht für alle Fahrzeugtypen den passenden Filter parat haben. Unumgänglich sind ein Abschleppseil bzw. eine Abschleppstange und eine gut sortierte Werkzeugkiste, aber das versteht sich von selbst und ohne diese wird kaum jemand auf eine große Reise gehen.